REINICIE SEU CÉREBRO

REINICIE SEU CÉREBRO

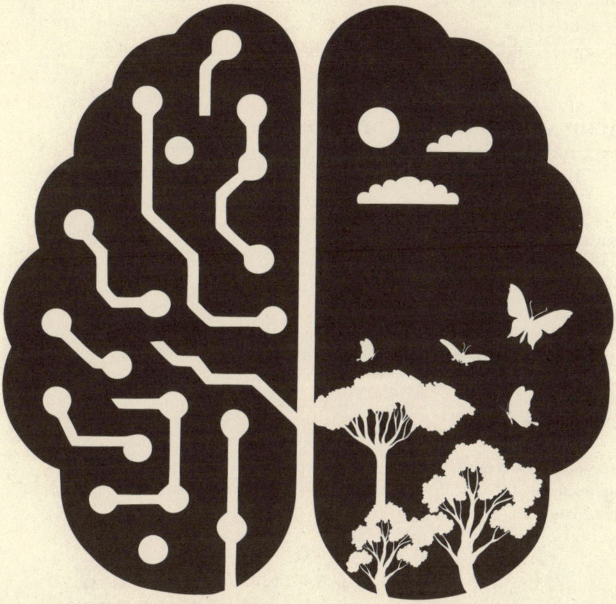

ciência, hábitos e alimentação para reprogramar sua mente e seu humor

DR. DREW RAMSEY

PSIQUIATRA E PROFESSOR DA UNIVERSIDADE COLUMBIA, REFERÊNCIA INTERNACIONAL EM PSIQUIATRIA NUTRICIONAL E SAÚDE MENTAL.

Amarilys

Amarilys é um selo editorial Manole.

Healing the Modern Brain: A Comprehensive Guide to Cultivating Mental Fitness and Revitalizing Brain Health

Publicado mediante acordo com Harper, um selo da HarperCollins Publishers.

Produção editorial: Raquel Siqueira Ramos
Projeto gráfico e diagramação: Deborah Sayuri Takaishi
Capa: Departamento de Arte da Editora Manole, adaptada do original
Ilustração da capa: Freepik
Tradução: Departamento Editorial da Editora Manole

CIP-BRASIL. CATALOGAÇÃO NA PUBLICAÇÃO
SINDICATO NACIONAL DOS EDITORES DE LIVROS, RJ

R15r

Ramsey, Drew
Reinicie seu cérebro : ciência, hábitos e alimentação para reprogramar sua mente e seu humor / Drew Ramsey ; [tradução Departamento Editorial da Editora Manole]. - 1. ed. - Barueri [SP] : Manole, 2026.
192 p. ; 23 cm.

Tradução de: Healing the modern brain : nine tenets to build mental fitness and revitalize your mind
Inclui bibliografia e índice
ISBN 9788520469606

1. Saúde mental - Dietoterapia. 2. Ansiedade - Dietoterapia. 3. Alimentos funcionais - Uso terapêutico. 4. Nutrição - Aspectos psicológicos. I. Departamento Editorial da Editora Manole. II. Título.

CDD: 616.85220654
25-101697.0 CDU: 616.89-008.441:615.874.2

Meri Gleice Rodrigues de Souza - Bibliotecária - CRB-7/6439

Edição – 2026

Editora Manole Ltda.
Alameda Rio Negro, 967 – cj. 717 – Alphaville
06454-000 – Barueri – SP – Brasil
Fone: (11) 4196-6000
www.manole.com.br | https://atendimento.manole.com.br/

Impresso no Brasil | *Printed in Brazil*

Para meus pacientes, do passado e do presente

Nota do autor

Para proteger a confidencialidade de nossos pacientes, os profissionais de saúde mental alteram detalhes sobre suas vidas e experiências quando compartilham suas histórias. Isso sempre me incomodou, porque significa que o público nunca recebe a história real sobre algo puro, verdadeiro e sagrado – e, com muita frequência, a verdadeira cura humana é reduzida a outra coisa.

Quero ser claro com relação às histórias deste livro: todas elas são verdadeiras. Se você pudesse decifrar que o médico da cidade é, na verdade, um veterinário do subúrbio, você encontraria uma pessoa real, com problemas reais, que veio me pedir ajuda.

O consultório do psiquiatra é um espaço privado muito importante para as pessoas. Elas esperam se envolver em um relacionamento terapêutico baseado na ausência de julgamento e na empatia. A confidencialidade é fundamental. Pacientes e terapeutas criam juntos uma linguagem e uma cultura únicas. Isso pode realmente ser compartilhado? É um dilema. Foi assim que lidei com isso para este livro.

Não tentei ouvir os pacientes nas sessões especificamente para obter histórias que "funcionassem" para este livro. São histórias de tratamentos passados, filtradas pela minha memória com a ajuda de minhas anotações. Espero ilustrar como a pesquisa apresentada pode se manifestar na vida de uma pessoa e ajudá-la a desenvolver mais aptidão mental – e como ela pode reforçar o progresso feito ao estabelecer o tratamento de saúde mental. Alterei vários detalhes, como nome, local, profissão, e deixei de fora tudo o que fosse muito específico. Por exemplo, eu não gostaria que meu terapeuta escrevesse nada sobre seu paciente, o psiquiatra que é "obcecado por couve".

Ouvir sobre o mundo interior das pessoas de forma crua e sem filtros é essencial para meu trabalho como terapeuta. Mas aprendi, depois de vinte e tantos anos de prática, que compartilhamos mais do que pensamos. Isso me conforta com relação à natureza das pessoas e do universo. Não são apenas o sangue e os neurônios que todos temos em comum. Nossas histórias são, de alguma forma, únicas e semelhantes também. Há um verdadeiro poder em estarmos juntos e sermos conhecidos.

Por favor, receba as histórias destas páginas sobre meus pacientes com o respeito que eles merecem. Talvez o mais importante seja saber que eles estão neste livro porque mostraram o poder da aptidão mental e o que pode ser alcançado quando eles são cuidados. Espero que eles o inspirem tanto quanto me inspiraram. Eles encheram minha vida de esperança e me incentivaram a continuar trabalhando para melhorar a minha própria saúde mental.

Sumário

Introdução

Eu tinha acabado de sair da cama quando notei que uma de minhas pacientes, Linda, tinha me enviado mensagens de texto várias vezes durante a noite. No último ano, ela viveu uma depressão profunda que estava começando a interferir no trabalho e no casamento. Embora estivesse reticente em tomar medicamentos – muitos de meus pacientes são assim –, ela concordou em fazer um teste com um inibidor seletivo da recaptação de serotonina (SSRI), a fluoxetina. Quando vi a série de mensagens, fiquei preocupado com o fato de ela estar lidando com alguns efeitos colaterais desconfortáveis do medicamento – ou talvez seus sintomas estivessem piorando. Pode levar de quatro a seis semanas para que os pacientes percebam o efeito do medicamento. Em vez disso, vi que ela tinha visto notícias sobre uma meta-análise recente que questionava se a chamada teoria do desequilíbrio químico da depressão – a hipótese de que a falta de serotonina era a causa, pelo menos em parte, dos sintomas depressivos e de ansiedade – tinha mérito: "Você viu o *New York Times*? Se não há provas de que há um desequilíbrio químico, por que preciso de um inibidor seletivo da recaptação da serotonina? Esse medicamento vai funcionar mesmo? O que ele realmente vai fazer? Deve haver outras opções, certo?"

Eram perguntas válidas, e ela certamente não foi a primeira pessoa a fazê-las, mesmo antes dessa revisão abrangente e sistemática das evidências realizada por um grupo de pesquisadores da University College London. Não fiquei surpreso com o fato de suas descobertas, que concluíram não haver nenhuma evidência consistente de uma associação entre baixos níveis de serotonina e depressão, estarem recebendo tanta atenção. E, com manchetes como "The Study That Changes How We Treat Depression" ("O estudo que muda a forma como tratamos a depressão") e "With Chemical Imbalance Theory in Doubt, What's Next for Depression Care?" ("Com a teoria do desequilíbrio químico em dúvida, o que vem a seguir para o tratamento da depressão?") enchendo os *feeds* de notícias e das mídias sociais em todo o mundo, não fiquei surpreso que Linda, que já estava preocupada em tomar a medicação, tenha me procurado.

Logo minha caixa de entrada também se encheu de mais perguntas – de outros pacientes e de alguns repórteres – sobre o que eu achava que significava tudo aquilo. E, mais importante, se eu mudaria a maneira como continuaria a tratar a depressão. Naquela semana, passei um tempo considerável discutindo o assunto com Linda, bem como com muitos de meus outros pacientes.

A verdade é que a ideia de que baixos níveis de serotonina causam depressão vem sendo debatida há décadas. De tempos em tempos, alguém questiona a eficácia dos medicamentos antidepressivos ou publica um novo estudo que sugere que é hora de descartar a teoria biológica da depressão. Sejamos realistas: a ideia de que a saúde de nossos cérebros – que funcionam com uma infinidade de hormônios, neurotransmissores, proteínas e outros fatores neurotróficos – se resume ao nível de uma única molécula é uma explicação simples demais. Nós, que estudamos a saúde mental e o cérebro, sabemos disso. No entanto, como psiquiatra praticante, sei que os inibidores seletivos da recaptação da serotonina, o padrão ouro para o tratamento da depressão, funcionam em muitos dos pacientes que me procuram. Eles ajudaram a salvar inúmeras vidas. Como podemos conciliar esse fato com as novas evidências de que a serotonina não é o grande cérebro biológico que muitos fizeram parecer?

O cérebro é uma tempestade elétrica enigmática composta das proteínas, gorduras e vitaminas que você ingere. Todos os dias, quando me sento com meus pacientes, seu mistério e complexidade são facilmente perceptíveis. Já passou da hora de a comunidade médica – na verdade, de todo mundo – parar de pensar na saúde do cérebro em termos de soluções de uma molécula e começar a considerar as condições de saúde mental como depressão, ansiedade, transtorno de déficit de atenção e hiperatividade (TDAH) e dependência – e os pacientes que vivem com elas – de forma mais holística.

Igualmente importante, precisamos começar a pensar e falar sobre saúde mental além dos transtornos diagnosticados. Muitos dos pacientes de que cuido geralmente não atendem exatamente aos critérios de diagnóstico de depressão, ansiedade ou qualquer outro transtorno de saúde mental listado no *Manual Diagnóstico e Estatístico de Transtornos Mentais* (DSM). Mas eles me procuram porque estão estressados, desanimados, sobrecarregados ou com dificuldade de lidar com uma situação difícil. Vejo um número cada vez maior desses pacientes todos os anos. Eles podem não se qualificar para um diagnóstico específico de saúde mental, mas ainda assim estão lutando. Eles ainda precisam de ajuda.

Precisamos de uma nova abordagem para cultivar a saúde mental. Isso é mais do que necessário. Atualmente, mais de 50 milhões de americanos vivem com problemas de saúde mental – e esses são apenas os que estão dispostos a admitir isso. Quase cinco por cento dos adultos relataram ter pensamentos sérios de suicídio, o que levou a 1,6 milhão de tentativas de suicídio em 2021. Um número surpreendente de 20% dos adolescentes passou por um episódio depressivo grave no último ano. A taxa de diagnósticos de ansiedade está disparando. E um número chocante de pessoas que atendem aos critérios de depressão, ansiedade ou outros diagnósticos psiquiátricos não é tratado. Cada vez mais pessoas que não receberam um diagnóstico médico estão admitindo que, atualmente, simplesmente não se sentem bem.

Mesmo antes dos estudos mais recentes que contestam a hipótese do desequilíbrio químico da depressão, os profissionais experientes em saúde mental entenderam que esses tipos de taxas de incidência não podem ser atribuídos apenas à biologia. Vemos que o ambiente das pessoas também desempenha um papel importante na maneira como elas se sentem e como interagem com o mundo ao seu redor. O campo da epigenética, ou o estudo de como nossos ambientes alteram a forma como nossos genes são expressos, significa que nosso DNA não é o destino de nossa saúde. Temos o poder de fazer mudanças vitais no estilo de vida que podem literalmente mudar a maneira como nosso corpo lê o código genético, determinando quais genes são expressos e quais são silenciados. Isso significa que, mesmo que você tenha um histórico familiar de distúrbios de saúde mental, nada é imutável. Você pode combater qualquer gene que possa colocá-lo em risco.

O que isso significa em termos práticos? Significa que você pode alterar seus hábitos de forma a otimizar sua aptidão mental e, consequentemente, melhorar sua saúde mental. Você não precisa mais olhar para o seu cérebro em termos de fiação predestinada. Você pode tomar medidas específicas no seu dia a dia para tornar seu cérebro mais apto e resiliente, mesmo diante do estresse crônico. Isso é algo poderoso.

O mundo está mudando – e nem sempre para melhor. Passamos por uma pandemia cruel, que transformou nossas vidas de muitas maneiras. Estamos presos aos nossos telefones e às mídias sociais, mas nos sentimos mais isolados e desconectados do que nunca. Falta-nos uma verdadeira comunidade e um propósito. Estamos experimentando déficits dramáticos na natureza e no engajamento – ambos conhecidos por ajudarem nossos cérebros a prosperar. Estamos estressados até o limite, no trabalho e em casa. Carregamos muitos traumas não processados – e não temos a capacidade de nos aliviar. Nossas vidas estão repletas de toxinas naturais e artificiais, que se infiltram em nossos corpos e cérebros a cada respiração. E a dieta ocidental, combinada com um estilo de vida excessivamente sedentário, está roubando de nossos cérebros os nutrientes vitais de que eles precisam para prosperar. Nós, como sociedade e como espécie, estamos em um ponto de ruptura. As abordagens exclusivamente farmacêuticas estão sendo insuficientes – e é hora de olhar para além delas.

Precisamos começar a cultivar a aptidão mental. E esse momento é agora.

PARTE I

ENTENDENDO O CÉREBRO MODERNO

O físico teórico e autoproclamado futurólogo Michio Kaku escreveu certa vez: "O cérebro humano tem cem bilhões de neurônios, cada neurônio conectado a dez mil outros neurônios. Sentado em seus ombros está o objeto mais complicado do universo conhecido".

O cérebro é responsável por cada pensamento, sentimento e ação. A sensação da luz quente do Sol em sua pele. O piscar rápido de seus olhos. Os vermelhos e amarelos brilhantes das folhas de outono e o som delas farfalhando ao vento. As palavras de um poema inspirador, cuidadosamente memorizadas. O movimento de seus lábios ao recitá-lo em voz alta. Os sentimentos de exuberância durante um momento de alegria ou o desespero ao vivenciar uma perda profunda. Além disso, às vezes há sentimentos avassaladores de raiva, medo, felicidade, surpresa ou estresse.

Tudo o que você e seu corpo vivenciam – e cada ação que você realiza – é produto da complexa massa de três quilos de nervos, gordura, minerais, hormônios e sinais elétricos que compõem o seu cérebro.

Foram necessários séculos para que os cientistas obtivessem até mesmo uma pequena compreensão de como esse incrível órgão faz tudo o que faz. No século XX, o pesquisador Charles Scott Sherrington, ganhador do Prêmio Nobel, foi o primeiro a publicar estudos demonstrando a maneira como as células cerebrais se comunicam. Ele foi o primeiro a cunhar o termo sinapse.

As sinapses são os pequenos espaços entre os neurônios, o local onde essas células podem transmitir mensagens vitais por meio de impulsos nervosos elétricos e a consequente liberação de moléculas neurotransmissoras. O tamanho de uma sinapse é quase pequeno demais para ser conceituado. São apenas cinquenta nanômetros. Para fins de contexto, isso é cerca de um centésimo de milionésimo de metro – uma fração incrivelmente minúscula de um fio de cabelo humano, que fica em algum lugar na faixa de 80.000 a 100.000 nanômetros. Mas, embora as sinapses sejam infinitesimais em tamanho, possuem grande poder. Por meio dessas notáveis e minúsculas arenas, todos os movimentos, pensamentos e sentimentos são gerados.

Deixe-me explicar. Imagine que você, ou melhor, seu cérebro, queira fazer algo tão pequeno quanto mover o dedo mindinho. Apenas uma pequena dobra, uma pequena flexão dos nós dos dedos. Como todos os movimentos, reações e experiências, esse movimento começa no cérebro. Sua intenção envia um sinal para neurônios motores especializados em um ritmo incrivelmente rápido. Essas células enviam mensagens para as células vizinhas, que, por sua vez, enviam células para outros neurônios através do tronco cerebral, pelo sistema nervoso, até o seu dedo mínimo. É um incrível jogo de sinapse telefônica, em que a mensagem, de alguma forma, permanece intacta e verdadeira – uma vez que chega ao dedo mínimo, ela fará com que o dedo se contraia. É um processo incrível. Mas o que é ainda mais surpreendente é que esses sinais sinápticos, que atuam como um sistema de mensagens precisamente sintonizado, fazem muito mais do que apenas mover nossos respectivos dedos. Com pelo menos quinhentos bilhões dessas mensagens enviadas a cada segundo, elas formam a base de toda a experiência humana. As modernas ferramentas de neuroimagem significam que, pela primeira vez, podemos ver o cérebro crescendo e mudando. Até muito recentemente, o campo da neurociência acreditava que os adultos não conseguiam desenvolver novas células cerebrais. Você chegava a uma certa idade e – BING! – seu cérebro estava totalmente formado. Quando eu estava na faculdade de medicina, fomos ensinados que, embora todas as outras células do corpo continuassem a se reproduzir durante toda a vida, os seres humanos eram dotados de apenas um conjunto de células cerebrais: cerca de cem bilhões ou mais. Com sorte, você conseguiria não matar muitas delas ao envelhecer. Agora, no entanto, os cientistas demonstraram que o cérebro, assim como o resto do corpo, continua a mudar e a crescer até os anos dourados. Experimentamos a neurogênese, ou o nascimento de novas células cerebrais. Também temos uma capacidade inata de criar novas conexões sinápticas entre as células. Isso se chama *neuroplasticidade*.

O fato de nosso cérebro continuar a evoluir ao longo da vida é importante. Isso significa que cada um de nós tem um certo grau de controle sobre a saúde do cérebro. Como temos visto cada vez mais trabalhos de estudos com animais, experimentos psicológicos, trabalhos de neuroimagem e ensaios clínicos randomizados, fica claro que nossos hábitos, estilo de vida e decisões nos permitem desempenhar um papel importante na formação do crescimento e desenvolvimento contínuos do nosso cérebro. Quando podemos tomar decisões mais educadas sobre o que comemos, como nos movimentamos, como dormimos, como nos envolvemos, com quem interagimos e como gerenciamos o estresse, podemos modificar a forma como nossos genes são expressos e apoiar um cérebro saudável e feliz. Podemos cultivar a aptidão mental.

ENTENDENDO A DEPRESSÃO E A ANSIEDADE

Termos como ansiedade e depressão são usados de várias maneiras em conversas no nosso dia a dia. Você ouve essas palavras serem discutidas em livros, filmes e em seus programas de televisão favoritos. Como ambos os termos agora fazem parte do vernáculo comum – e o fato de que ambas as condições estão sujeitas a estigma e equívocos – não é de surpreender que possam significar coisas diferentes para pessoas diferentes. Hoje em dia, quer você esteja se aprofundando nos mais recentes estudos científicos ou na história de um influenciador de bem-estar no Instagram, todos têm uma opinião sobre diagnósticos de saúde mental e a melhor forma de lidar com eles. Embora o discurso público tenha, felizmente, crescido na última década para esclarecer a prevalência e a gravidade da depressão e da ansiedade, ainda há muitos mal-entendidos sobre sua natureza. E, para demonstrar por que a aptidão mental é tão importante (mais sobre isso em um minuto), vale a pena começarmos com algumas definições. A depressão é marcada por sentimentos de baixa autoestima, mau humor, tristeza, letargia, irritabilidade e, muitas vezes, um viés negativo que pode dificultar que as pessoas que a sofrem coloquem os eventos da vida em uma perspectiva adequada. Como psiquiatra, já conheci milhares de pessoas em seus momentos mais difíceis. Muitas vezes, elas descrevem a depressão como a sensação de que alguém diminuiu o volume do sinal. As pessoas em meio a um episódio depressivo tendem a pensar e falar mais lentamente, olham para baixo e também apresentam anedonia, um sintoma pernicioso em que não conseguem sentir alegria mesmo em momentos felizes. Imagine-se dando uma mordida em sua comida favorita ou participando de uma atividade que normalmente o emociona, mas sentindo, bem, nada. Embora a ciência do cérebro continue um pouco complicada, o diagnóstico clínico da depressão é bastante simples. O Manual Diagnóstico e Estatístico de Transtornos Mentais, a conhecida tabela biológica de diagnósticos psiquiátricos, diz que uma pessoa é diagnosticada com depressão quando a combinação de baixo humor e energia começa a interferir na vida cotidiana.

Depois, há a ansiedade. Quando pedi a Roger McIntyre, médico e farmacologista da Universidade de Toronto que estuda a ansiedade, que a descrevesse para mim, ele disse: "Ansiedade é medo – medo de alguma coisa, seja medo de aranhas ou medo de julgamento social".

A ansiedade é a reação do cérebro a uma ameaça percebida. Quando você está em um estado de ansiedade, seu cérebro envia sinais que alteram sua fisiologia. Seu coração e sua mente começam a acelerar. Sua respiração se torna rápida e superficial. Suas palmas das mãos suam e seus músculos ficam tensos. Você sente uma sensação de pânico. Como resultado, você pode ter problemas para dormir ou alterações no apetite.

Há um método para essa loucura da ansiedade. E ele remonta aos nossos ancestrais caçadores-coletores. Para eles, essas reações eram vantajosas. Elas preparavam o corpo para a hipervigilância para que pudéssemos evitar predadores ou outras ameaças. As mudanças em nossa fisiologia também eram úteis. Elas aguçavam nossos sentidos e nos preparavam para lutar ou fugir diante do perigo. É importante entender que, há milhares de anos, uma resposta saudável à ansiedade seria a diferença entre a vida e a morte. Com o avanço para o mundo moderno, cheio de bipes, apitos e estressores que nos mantêm sempre em alerta máximo, a ansiedade não é mais tão benéfica. Essas mesmas reações que nos ajudaram a sobreviver na natureza selvagem estão agora alimentando uma resposta de estresse hiperativa que contribui para as taxas incrivelmente altas de transtornos de ansiedade que vemos hoje.

Você perceberá que falo com frequência sobre depressão e ansiedade juntas. Há uma boa razão para isso. Ambas são condições de saúde mental debilitantes por si só, mas também compartilham sintomas semelhantes e tendem a andar juntas. De fato, mais de sessenta por cento dos pacientes com diagnóstico de saúde mental apresentam tanto ansiedade quanto depressão.

Talvez tenha chamado sua atenção o fato de que muitos sintomas de depressão e ansiedade também fazem parte da psicologia humana normal. É natural sentir-se ansioso ou triste às vezes. É somente quando esses sentimentos se tornam avassaladores ou começam a interferir no trabalho ou nos relacionamentos, ou na sua capacidade de cuidar de si mesmo, que eles passam a ser patológicos.

Durante anos, quando falamos sobre depressão e ansiedade, nos concentramos em tratamentos – geralmente alguma forma de terapia e medicação. Mas, embora os medicamentos antidepressivos e ansiolíticos tenham mudado o jogo para muitos, eles não funcionam para todos. E, graças às novas pesquisas sobre psiquiatria do estilo de vida e epigenética, estamos aprendendo o verdadeiro poder de desenvolver as ferramentas necessárias para lidar, gerenciar e aliviar muitos dos sintomas mais desgastantes da depressão e da ansiedade, quer você tenha um diagnóstico ou esteja apenas se sentindo sobrecarregado pela vida moderna.

PENSAR ALÉM DE UM CÉREBRO "QUEBRADO"

Durante muitos anos, cientistas e clínicos acreditaram que o DNA era a chave para entender não apenas nossa saúde, mas nossas próprias identidades. Quando James Watson e Francis Crick demonstraram

Quando se descobriu que essa incrível estrutura de dupla hélice carregava as estruturas genéticas que orientavam o desenvolvimento e o crescimento, muitos esperavam que os pesquisadores logo encontrassem um gene da depressão ou da ansiedade que pudesse ser silenciado por meio de medicamentos ou outras intervenções. No entanto, estamos aprendendo que somos mais do que apenas um conjunto de genes que nos foram distribuídos antes mesmo de virmos ao mundo. Nossas experiências – e nossas escolhas – desempenham um papel igualmente vital na formação de quem somos, como pensamos e o que sentimos.

Esqueça os antigos debates sobre natureza versus criação: os estudos científicos mais recentes mostraram que há uma dança bela e contínua entre nossos genes e ambientes. Nossos genes são transmitidos de geração em geração, fornecendo todos os dados necessários para criar o corpo e a mente. Certas variantes genéticas, geralmente ligadas a diferentes neurotransmissores ou receptores, podem aumentar ou diminuir a probabilidade de desenvolvermos uma determinada doença, inclusive depressão ou ansiedade.

Por exemplo, uma mutação no gene da metilenotetrahidrofolato redutase (conhecido como MTHFR – vou deixar que você soletre o nome por diversão) foi associada a sintomas consistentes com depressão e ansiedade. Certamente, já sabemos há algum tempo que o histórico familiar é importante para a saúde masculina. Se um de seus pais ou avós foi diagnosticado com um problema de saúde mental, isso aumenta a probabilidade de você desenvolver um. No entanto, é importante lembrar que genes como o MTHFR são fatores contribuintes, e não determinantes, de doenças.

Meu paciente, Bryan, foi diagnosticado com depressão quando era adolescente. Ele estava muito familiarizado com a doença, pois tinha visto sua mãe e um de seus primos sofrerem episódios depressivos graves. E quando me procurou, ele estava tomando um medicamento antidepressivo há vários anos. O único problema é que, depois de lhe dar alívio no início, o SSRI não estava mais funcionando tão bem. Ele não estava apenas sofrendo, mas também bastante frustrado pelo fato de a medicação ter parado de funcionar sem um motivo claro.

Os testes genéticos estavam se tornando disponíveis e, como muitos psiquiatras, eu estava animado para levar a era da genética aos meus pacientes. Enviamos a amostra de saliva de Bryan para o sequenciamento genético com a promessa de entender melhor sua doença e as opções de tratamento.

Os resultados mostraram que ambos os seus genes MTHFR tinham mutações que os tornavam menos funcionais. Mas, em vez de alívio, ele estava preocupado por ter as duas versões realmente ruins do gene MTHFR e, juntamente com seu histórico familiar de depressão, estava convencido de que seu cérebro estava de alguma forma "quebrado". Sua receita genética específica significava que ele sempre viveria sentimentos de tristeza e diminuição da motivação.

Esse tipo de crença não é incomum. Muitas pessoas que foram diagnosticadas com depressão ou ansiedade sentem que receberam uma genética ruim. Por muito tempo, pensamos que o DNA é o que escreve o destino de nossa saúde. Quando eu estava terminando a faculdade de medicina, há quase vinte anos, a sabedoria comum dizia que nossos genes determinavam tudo, desde a inteligência até o comportamento. Havia uma noção generalizada de que nossos genomas eram os únicos responsáveis pela forma como o corpo e o cérebro crescem, amadurecem e funcionam – e qualquer combinação de genes com a qual você nascesse determinava, bem, tudo.

A boa notícia é que essa noção de destino genético não só está desatualizada, como também é falsa. Um dos conceitos mais empolgantes e, francamente, fortalecedores que surgiram na ciência nas últimas décadas é o da epigenética, ou o estudo de como os fatores ambientais influenciam a forma como nossos genes são expressos. Como se vê, nossas decisões sobre o estilo de vida são importantes – e muito importantes. Embora nossos genes possam e de fato nos predisponham a determinadas condições, as escolhas que fazemos diariamente podem atenuar esses riscos, o que significa que nosso DNA individual é muito mais maleável do que jamais imaginamos. Os alimentos que ingerimos, a quantidade de sono que dormimos, as pessoas com as quais interagimos, os fatores de estresse que enfrentamos e a maneira como nos movimentamos podem literalmente mudar a forma como nosso corpo lê as sequências de DNA, influenciando quais genes são expressos e quais são silenciados.

A epigenética é complexa e os cientistas estão apenas começando a descobrir todas as diferentes maneiras pelas quais as escolhas de estilo de vida podem influenciar a expressão genética. Mas uma maneira fácil de conceituar a epigenética é pensar em seu genoma como um computador de mesa. Quando você abriu a caixa, todo o hardware estava lá, assim como o genoma passado a você por sua mãe e seu pai. Mas para que esse computador de mesa não seja nada além de uma caixa grande e desajeitada, o hardware interno precisa de um software que lhe diga o que fazer. O epigenoma é como esse software. Suas experiências de vida, bem como fatores poderosos de estilo de vida, como dieta, exercícios, interações sociais, sono, propósito e outros, podem modular seu DNA. Ele pode determinar quais programas genéticos são executados, dizendo ao seu genoma para aumentar, diminuir ou até mesmo interromper a produção de proteínas específicas.

Por que isso é importante? Porque significa que ninguém, independentemente do histórico médico familiar, tem um cérebro quebrado. Nenhuma condição de saúde mental, ou qualquer outra condição de saúde, é imutável. Esse software epigenético significa que você pode fazer mudanças no seu estilo de vida para ajudar a combater os genes herdados que podem aumentar o risco de desenvolver uma determinada condição. Você tem o poder de melhorar a saúde do seu cérebro e, como consequência, gerenciar melhor os sintomas de depressão ou ansiedade.

Esse pode ser o aspecto mais importante a ser entendido sobre o cérebro moderno. Graças à epigenética, você pode melhorar a expressão de seus genes para otimizar sua aptidão mental e melhorar sua saúde mental. Você é muito mais do que seu genoma. Há uma grande variedade de coisas diferentes que você pode fazer para curar o cérebro moderno, independentemente do perfil genético com o qual você esteja trabalhando. Portanto, em vez de olhar para o cérebro em termos de fiação predestinada, é importante dar um passo atrás e apreciar a infinita complexidade que surge da justaposição do seu DNA e do seu ambiente. Ao fazer isso, podemos preparar o terreno para entender os fatores que influenciam nossa saúde mental e criar os hábitos necessários em nossa vida diária para aumentar o poder de nossos cérebros modernos.

CAPÍTULO 1

A necessidade de aptidão mental

Especialistas de todo o mundo – desde a Organização Mundial da Saúde até o Pew Research Center – concordam: estamos em meio a uma epidemia de saúde mental. A depressão e a ansiedade representam os dois transtornos mentais mais comuns e incapacitantes do mundo, com mais de cinquenta e oito milhões de pessoas afetadas todos os anos somente nos Estados Unidos.

Atualmente, quase 14% dos adultos nos Estados Unidos tomam um medicamento antidepressivo – incluindo uma em cada quatro mulheres com mais de sessenta anos de idade. Graças à pesquisa científica rigorosa, entendemos mais do que nunca sobre os transtornos mentais. E, embora o acesso a um tratamento eficaz esteja melhorando, seria um erro acreditar que essa epidemia de saúde mental não ameaça cada um de nós.

O campo da psiquiatria está em uma encruzilhada. Os estudos mais recentes mostram que nossos medicamentos de referência para o tratamento de doenças como depressão e ansiedade, os inibidores seletivos da recaptação da serotonina, não são a panaceia que pensávamos que fossem. Novas pesquisas sugerem que as teorias que ligam a depressão à deficiência de serotonina permanecem contraditórias, na melhor das hipóteses, e não levam em conta os muitos outros agentes neuroquímicos em ação, incluindo neuromoléculas vitais como glutamina, GABA, dopamina e anandamida, só para citar alguns. Mas a necessidade de condicionamento físico mental vai além daqueles que têm um diagnóstico de saúde mental. Atualmente, cada vez mais pessoas se sentem sobrecarregadas pelas demandas do mundo moderno. Elas podem não se enquadrar nos critérios de depressão ou ansiedade, mas simplesmente não se *sentem bem*. Alguma coisa está faltando em suas vidas, mas elas não conseguem descobrir o que é ou o que fazer a respeito. Elas também estão procurando respostas sobre como melhorar seu humor, adaptar-se melhor às exigências do ambiente e simplesmente se sentir melhor.

Chegou a hora de uma nova abordagem: mudanças de estilo de vida que promovam a aptidão mental. Essas mudanças não só podem ajudar a reduzir o número crescente de diagnósticos de saúde mental, como também podem ajudar aqueles de nós que simplesmente não se sentem em seu melhor estado mental e físico.

Então, o que é *aptidão mental*, você poderia perguntar? Em uma definição simples, é o conhecimento, os padrões, os hábitos e as habilidades que culminam em uma vida mais agradável e mentalmente saudável.

Vou repetir: a aptidão mental é o conhecimento, os padrões, os hábitos e as habilidades que culminam em uma vida mais agradável e mentalmente saudável.

A aptidão mental não é um resultado. É uma jornada e uma prática. É uma abordagem de vida que leva em consideração as demandas irrealistas da vida moderna, o tempo, a escolha, a genética, o estilo de vida, a dieta, os hábitos, a química, o movimento, o descanso e a mentalidade. A Aptidão mental é um processo que ajudará a colocar seu cérebro em um estado perpétuo de autorreparo e evolução. Ele garantirá que seu cérebro tenha o apoio necessário para ajudá-lo a enfrentar o estresse do dia a dia, a fadiga das decisões e a incerteza.

Sem dúvida, você já leu inúmeros artigos sobre a importância do sono, da alimentação, da atividade física e da redução do estresse para manter uma saúde mental forte. Você leu textos sobre dieta e exercícios, talvez tenha tentado algumas coisas que seu influenciador favorito do Instagram recomendou. Ouviu centenas de dicas: comece cada dia com 240 ml de suco de aipo e substitua o leite por manteiga na sua xícara de café da manhã. Você leu uma lista de artigos sobre como melhorar sua higiene do sono e talvez até tenha investido em um cobertor com pesos. A maioria das pessoas se interessa por produtos e serviços que prometem fazer com que você se sinta melhor. Talvez, se você for como eu, já tenha experimentado alguns. Ok, talvez mais do que alguns. Como um mundo em constante mudança nos obriga a nos adaptarmos a ele cada vez mais rapidamente, Deus sabe que há mais pessoas do que nunca tentando lhe vender uma solução rápida para melhorar seu humor, seu foco e sua visão geral da vida.

O problema é que a maioria não funciona a longo prazo.

É importante entender que a aptidão mental vai além do conceito de bem-estar, ou pelo menos da versão de bem-estar que está sendo comercializada para você. Alcançar a aptidão mental exige mais do que simplesmente deixar de lado o cartão de crédito.

Somos constantemente bombardeados com soluções rápidas que supostamente nos ajudarão a nos tornar as pessoas que desejamos ser. Infelizmente, embora o caminho para a aptidão mental seja bastante simples, nem sempre é fácil. Ele requer mudanças fundamentais, porém sustentáveis, na maneira como você vive sua vida, dia após dia. Mas, como já vi em mim mesmo e em meus pacientes, quando o foco está na construção dessa base, surgem os melhores resultados.

Em vez de complicar as coisas – sejamos francos, o cérebro já é complicado o suficiente – quero simplificá-las. É hora de pararmos de pensar apenas em superalimentos e produtos milagrosos e voltarmos à raiz da boa saúde mental. Você precisa do conhecimento e das ferramentas fundamentais para ter a confiança e a clareza necessárias para fazer o tipo de escolhas que tornarão seu cérebro mais ágil e resistente.

Cada vez mais, os cientistas estão entendendo que cérebros saudáveis são criados, não nascem. Graças à epigenética, entendemos que nossos hábitos e decisões exercem grande influência sobre nossa saúde física e mental. Também entendemos que, ao ver a saúde mental apenas pelas lentes de um diagnóstico, estamos prestando um grande desserviço a todos. Para nos tornarmos mais felizes e saudáveis, todos nós poderíamos nos beneficiar do trabalho de nos sentirmos melhor, independentemente de termos recebido um diagnóstico específico. Ao adotar hábitos que facilitam a aptidão mental, você pode assumir o controle de sua própria saúde mental. Isso é algo poderoso.

CAPÍTULO 2

Obstáculos da aptidão mental

Pratico psiquiatria há mais de vinte anos e não posso deixar de notar mudanças significativas em meus pacientes desde o início da minha carreira. O mundo moderno está cobrando seu preço do cérebro humano. Nossas vidas diárias são preparadas para garantir que nos sintamos distraídos e sobrecarregados. Estamos presos aos dispositivos inteligentes de nossa escolha, que nos bombardeiam constantemente com alertas, enquanto deixamos nossos relacionamentos pessoais definharem. Consumimos alimentos excessivamente processados que não contêm os nutrientes saudáveis tão essenciais para nutrir nosso corpo e cérebro. Enfrentamos pressões financeiras incessantes e recebemos mensagens quase constantes sobre violência e desastres em todo o mundo. Sejamos realistas, o ambiente atual simplesmente não favorece a saúde do cérebro.

Não é incrível que muitos de nós estejamos lutando com nossa saúde mental?

PROTEGENDO SEU CÉREBRO

O mundo mudou muito nas últimas décadas e, com muita frequência, isso não foi benéfico para nós. Felizmente, nossa compreensão do cérebro humano também mudou. Agora sabemos que alcançamos a saúde ideal do cérebro quando cultivamos os três grandes protetores cerebrais: aumento da neuroplasticidade, redução da inflamação e um microbioma mais reverso.

É provável que você já tenha ouvido esses termos antes. A neuroplasticidade tem recebido muita atenção nos últimos anos, especialmente porque mudou a forma como pensamos sobre as doenças relacionadas ao cérebro. Antigamente, a maioria dos cientistas acreditava que você nascia com um conjunto de cerca de cem bilhões de células cerebrais e pronto. Se você estivesse clinicamente deprimido, sem a ajuda de medicamentos fortes, anos de psicanálise ou terapia de eletrochoque, provavelmente continuaria assim. Agora, entretanto, entendemos que isso não poderia estar mais longe de ser verdade. O cérebro, assim como o resto do corpo, tem a capacidade de mudar e crescer à medida que envelhecemos. Isso é bom. Isso significa que você não está condenado a permanecer em qualquer estado em que se encontre agora – especialmente se estiver deprimido ou ansioso. Ao cultivar a aptidão mental, você pode ajudar seu cérebro a permanecer no modo de crescimento e torná-lo mais resiliente diante dos estressores do mundo.

Enquanto você aumenta a neuroplasticidade, precisa reduzir simultaneamente a inflamação. Muitos dos alimentos que ingerimos e as toxinas que encontramos podem levar à inflamação do cérebro. Normalmente, a inflamação é uma coisa boa. É um sinal de que seu sistema imunológico está funcionando, protegendo-o de invasores virais ou bacterianos ou fornecendo aos órgãos as moléculas necessárias para reparar as células após uma lesão. Mas, como em qualquer outra coisa, pode haver excesso de uma coisa boa. Os estudos mais recentes nos mostram que a inflamação persistente e crônica é um problema sério. E quando você a encontra no cérebro, ela pode levar a sintomas depressivos e de ansiedade, além de problemas de sono. Trabalhar em prol da aptidão mental pode ajudar a lidar com o excesso de inflamação. Os cientistas também demonstraram a importância de um intestino saudável para a saúde mental. Sei que isso pode parecer um pouco confuso. Afinal, o que o trato gastrointestinal tem a ver com o cérebro? Na verdade, um pouco. As colônias de bactérias que vivem em nossos intestinos fazem muito mais do que apenas digerir os alimentos que ingerimos para que possamos obter a energia de que precisamos. Eles também atuam como mensageiros químicos, fornecendo ao cérebro atualizações importantes sobre o mundo ao nosso redor. Quando temos um intestino saudável, repleto das populações corretas de bactérias ou de bons microrganismos, sabemos que nosso cérebro está recebendo todas as mensagens corretas e, como resultado, é mais resiliente diante do estresse e de outros fatores que podem levar à depressão ou à ansiedade. Novamente, aqui, os hábitos que podem aumentar sua aptidão mental também podem manter sua saúde intestinal sob controle.

Nos próximos capítulos, falaremos muito sobre as coisas práticas e cotidianas que você pode fazer para promover a neuroplasticidade e um microbioma diversificado, mantendo o excesso de inflamação em um nível mínimo. Mas acho que também é importante destacar alguns dos principais obstáculos para alcançar a aptidão mental e como essas coisas aparentemente pequenas podem ter um grande impacto em nossos cérebros, especialmente com o passar do tempo. Muitos desses obstáculos parecem quase onipresentes no mundo moderno, e é por isso que é tão importante chamar a atenção. É provável que você já tenha lido sobre alguns deles, mas outros podem surpreendê-lo.

Dispositivos

Atualmente, quase todo mundo carrega um dispositivo pequeno e mágico no bolso. Os *smartphones* e outros dispositivos inteligentes são incríveis. Eles permitem que você tenha acesso a um conhecimento incrível e têm o poder de conectá-lo a pessoas do mundo todo. Mas, apesar de todos os seus benefícios, eles podem interferir na aptidão mental. A luz artificial das telas pode causar estragos nos ritmos circadianos do nosso corpo. O conteúdo em ritmo acelerado, bem como todas as notificações e alarmes incorporados em diferentes aplicativos, são projetados especificamente para atrair sua atenção em centenas de direções diferentes. Isso pode nos colocar em um estado de sobrecarga sensorial, que libera cortisol e nos coloca em um estado de estresse. E eu seria negligente se não mencionasse que grande parte do conteúdo para o qual gravitamos não é o melhor para nós. Com muita frequência, ficamos rolando por notícias ou conteúdos perturbadores – ou simplesmente ficamos fora de sintonia – quando nossa saúde mental seria melhor se largássemos o celular e nos envolvêssemos em outras atividades.

Vícios e substâncias

O cérebro humano adora um bom atalho. É por isso que os seres humanos são programados para adquirir hábitos. Eles permitem que o cérebro deixe que alguns processos ocorram automaticamente, de modo que ele não precise supervisionar *tudo* conscientemente. Não há nada de errado com os hábitos em si. Mas muitos de nossos comportamentos automáticos envolvem substâncias. Pense nisso. Quando acordamos, tomamos café o mais rápido possível. Se tivermos um dia estressante, talvez fumemos – ou vaporizemos. Chegamos em casa e tomamos um drinque para nos ajudar a relaxar depois de um dia difícil.

Como sociedade, nossa relação com os vícios é complicada, especialmente porque a maioria dessas substâncias não é apenas legal, mas também promovida ativamente como formas de ajudar a aproveitar a vida (e talvez lidar com o estresse do dia a dia ao longo do caminho). Mas o que essas substâncias estão fazendo com nossos cérebros, exatamente?

Graças às campanhas de saúde pública, agora entendemos que a cafeína, a nicotina, o álcool e a maconha podem agir como uma espécie de falso neurotransmissor, aumentando ou diminuindo a atividade cerebral e provocando sensações agradáveis e calmantes. Há um motivo pelo qual pegamos uma cerveja ou acendemos um cigarro – eles são incrivelmente eficazes na redução de sentimentos estressantes, pelo menos temporariamente.

Infelizmente, embora os riscos cardiovasculares e à saúde em geral de substâncias como o álcool e o tabaco sejam amplamente discutidos, bem como os riscos da dependência, sua influência na saúde do cérebro tende a ser ignorada. E os estudos mais recentes nos mostram que tanto o álcool quanto o fumo estão fortemente ligados ao aumento da inflamação cerebral. O que, como discutimos acima, está fortemente associado à depressão, ansiedade e neurodegeneração.

Poluentes e toxinas

No nível celular, um mundo inteiro de toxinas ambientais está atacando as células de nossos corpos e cérebros. Mas, embora a mídia (especialmente a mídia social) esteja repleta de histórias sobre os venenos no mundo moderno, o fato de uma substância ser ou não perigosa geralmente depende da dose. Ao pensar na saúde do cérebro, é importante entender o que é realmente tóxico para ele. O *Dorland's Medical Dictionary* define toxina como "um veneno, especialmente uma proteína ou proteína conjugada produzida por certos animais, plantas superiores e bactérias patogênicas". Essa definição está um pouco desatualizada. Dorland não considerou as toxinas produzidas pelo homem e, no mundo atual, há muitas moléculas sintéticas que podem causar inflamação, depressão e ansiedade. Infelizmente, graças à indústria moderna, há mais substâncias nocivas no meio ambiente do que jamais houve na história da humanidade.

Por exemplo, você já deve ter ouvido falar dos ftalatos, substâncias químicas encontradas em praticamente todos os produtos plásticos conhecidos pelo homem. Nos últimos anos, essas moléculas foram submetidas a um exame minucioso devido a estudos laboratoriais que demonstram que elas podem perturbar a função endócrina. Em uma definição simples, elas podem interferir nos sistemas hormonais do corpo, que, obviamente, desempenham um papel vital na função cerebral.

Metais pesados como mercúrio, cádmio e chumbo estão aumentando na água e afetando nosso suprimento de alimentos. Também há pesticidas, xenoestrogênios e todos os tipos de outros produtos químicos no sistema alimentar.

Estudos sugerem que as mulheres, em média, consomem 168 substâncias químicas todos os dias por meio de produtos de autocuidado, como cremes para a pele, xampus e maquiagem. Os alimentos atuais contêm um número incalculável de produtos químicos artificiais, corantes, aromatizantes, conservantes e enchimentos.

Infelizmente, não há muitas pesquisas sobre as relações entre toxicidade ambiental e inflamação – mas as que existem sugerem que as exposições tóxicas de nível mais baixo podem se acumular ao longo do tempo, aumentando a inflamação e promovendo a degeneração celular. Isso significa que nossos cérebros são vulneráveis às toxinas ambientais e é provável que elas desempenhem um papel no aumento das taxas de depressão e ansiedade.

Alimentos ultraprocessados

Falaremos sobre a dieta em detalhes no Capítulo 4, mas devo mencionar que a dieta ocidental moderna, cada vez mais baseada em alimentos ultraprocessados, é outro obstáculo para que nosso cérebro trabalhe da melhor forma possível. Os alimentos de conveniência com alto teor calórico não têm os nutrientes de que nosso cérebro precisa para prosperar. Eles interrompem o crescimento do cérebro e contribuem para o excesso de inflamação. E estão atrapalhando nossa capacidade de cultivar a aptidão mental.

Estresse crônico

Todos nós conhecemos a sensação de estresse: o aperto no peito, a tensão nas têmporas, a mente acelerada. Talvez você já tenha experimentado isso ao correr para cumprir um prazo importante ou ao discutir com alguém que ama.

O estresse é uma experiência universal e foi criado para nos manter vivos. Na época em que éramos caçadores-coletores, enquanto procurávamos comida e fugíamos de predadores, o cérebro nos colocava em um modo de estresse para nos manter alertas e nos equipar para lidar com qualquer perigo em potencial com eficiência. Mas o estresse nunca foi concebido para ser uma condição crônica. O cérebro deveria simplesmente liberar os hormônios do estresse, como o cortisol, para ajudá-lo a lutar, fugir, congelar ou desmaiar de forma mais eficaz para evitar uma situação perigosa e, em seguida, voltar ao estado inicial.

Infelizmente, para milhões de pessoas no mundo moderno, o estresse é uma constante. Em 2020, dois em cada três adultos relataram que sentiram aumento do estresse em comparação com o ano anterior. E as mudanças fisiológicas que o estresse traz, a longo prazo, podem resultar em aumento da inflamação, redução da produção de fatores neurotróficos (você pode pensar nessas moléculas como "fertilizante cerebral" para ajudar a manter seu cérebro em modo de crescimento) e microbiomas menos diversificados. Tudo isso deve ser evitado. Pessoas com estresse crônico também relatam fadiga e insônia. E, como discutimos acima, ele pode nos levar a hábitos que não são ideais, como beber e fumar.

Considerando que a maioria dos casos diagnosticados de ansiedade clínica e depressão envolve estresse elevado, é importante reconhecer que nosso mundo moderno e agitado está contribuindo para problemas de saúde mental. Estamos exigindo demais de nós mesmos, e isso está afetando a saúde do nosso cérebro.

Certamente, essa não é uma lista exaustiva de obstáculos à aptidão mental. Eu poderia continuar, mas a maioria dos problemas que enfrentamos no mundo moderno está ligada a essas cinco categorias gerais. Elas interagem umas com as outras e, em última análise, se unem de diferentes maneiras para interferir na realização do que precisamos fazer para curar nosso cérebro.

Esses obstáculos, é claro, não vão desaparecer tão cedo. E não precisam necessariamente desaparecer. Mas precisamos estar conscientes do papel que eles desempenham em nossas vidas e do impacto que podem ter na saúde do nosso cérebro. Conhecimento é poder. Ele pode ajudá-lo a determinar quais deles podem estar atrapalhando suas próprias práticas de condicionamento mental.

Espero que fique claro para você neste livro que curar o cérebro moderno não significa correr maratonas – físicas ou emocionais – ou ter de abrir mão de tudo o que você gosta de comer. Não se trata de competição ou de abraçar uma vida de escassez. Não se trata nem mesmo de se livrar de todos os obstáculos sobre os quais falamos acima.

Trata-se de adotar práticas de condicionamento físico mental. Em termos simples, o condicionamento físico mental é uma forma radical e pessoal de autocuidado. E é uma abordagem que cada pessoa pode criar de acordo com sua própria cultura, necessidades e preferências. Não se trata de uma abordagem do tipo “tudo ou nada”. Em vez disso, é uma série de pequenas mudanças que podem levar a grandes resultados.

Ao ler as páginas a seguir, você logo verá que não há necessidade de se apegar a soluções de uma molécula só para a depressão ou a ansiedade – ou mesmo esperar que nossa saúde mental decline o suficiente para receber um diagnóstico. Em vez disso, cada um de nós tem o poder de tomar decisões mais conscientes sobre o que comemos, como nos movimentamos, como dormimos e como gerenciamos o estresse para otimizar nossa aptidão mental. Essas pequenas mudanças têm o poder de gerar mudanças maiores, uma vez que os princípios básicos se baseiam uns nos outros, criando, por fim, uma série de benefícios que ajudam a desenvolver a resiliência e a proteger nosso cérebro do mundo moderno.

Você está pronto para começar?

PARTE II

OS PRINCÍPIOS BÁSICOS DA APTIDÃO MENTAL

Com uma compreensão básica de como o cérebro funciona – bem como dos obstáculos que o impedem de alcançar uma saúde ideal – podemos agora falar sobre os blocos de construção fundamentais que promovem a aptidão mental.

Como observei anteriormente, a neuroplasticidade, a inflamação e o microbioma desempenham papéis fundamentais em nossa saúde geral. Infelizmente, o mundo moderno está repleto de variáveis que reduzem a capacidade de crescimento de nosso cérebro, promovem a inflamação e matam os insetos bons em seu intestino. No entanto, quando você adota os princípios fundamentais da aptidão mental, pode neutralizar essas forças negativas. Você pode garantir que seu cérebro permaneça no modo de crescimento, mesmo em momentos estressantes. Você pode promover o crescimento de bactérias benéficas em todo o trato gastrointestinal, ajudando a facilitar as mensagens vitais entre o intestino e o cérebro que mantêm todo o corpo saudável. E você pode manter a inflamação sob controle – dando ao sistema imunológico os sinais de que ele precisa para não reagir de forma exagerada e enviar hordas de moléculas inflamatórias para o cérebro. Na verdade, quando você adota uma abordagem de condicionamento mental, escolhendo hábitos saudáveis que promovem a saúde do cérebro, você pode ensinar seu cérebro a ser mais resiliente. É disso que todos nós precisamos. Então, vamos falar sobre esses princípios fundamentais da notável bondade do cérebro. Já mencionei vários deles, incluindo nutrição, sono e conexão. Mas, nos próximos capítulos, abordarei

A seguir, o Guia de Desenvolvimento Mental da Kinross, que é um guia para a saúde do cérebro, aborda profundamente os seguintes assuntos, explicando por que cada um deles é tão importante para a saúde do cérebro e quais medidas você pode tomar para aproveitar esse conhecimento e colocar seu cérebro em forma de combate.

Os princípios básicos da aptidão mental são:

- Autoconhecimento: eu sei, eu sei, todo mundo está falando sobre a plenitude da mente hoje em dia. Mas você não precisa ser um iogue ou um monge budista para aproveitar os momentos de introspecção. Ao desenvolver a consciência do seu corpo, respiração e humor, você perceberá que está em uma posição mais forte para lidar com qualquer coisa que o mundo lhe apresente.
- Nutrição: a maneira como você abastece seu corpo e seu cérebro é importante. Quando você aprende a nutrir melhor o seu cérebro – e a si mesmo –, está dando o primeiro passo no caminho para a aptidão mental.
- Movimento: o cérebro pode não ser um músculo, mas foi projetado para se desenvolver em resposta a um corpo saudável e em movimento. Poucas coisas podem promover o crescimento do cérebro e proteger sua saúde mental de forma tão poderosa quanto o movimento.
- Sono: durante muito tempo, pensamos no sono como um momento de descanso. Agora sabemos que o cérebro está trabalhando arduamente, limpando os detritos e consolidando as memórias enquanto dormimos. Uma boa noite de sono é a base da aptidão mental.
- Conexão: a conexão é uma peça fundamental para se sentir melhor mental e emocionalmente. Conectar-se a si mesmo, ao seu objetivo, às pessoas ao seu redor – todas essas são maneiras de promover a aptidão mental.
- Engajamento: há uma grande vantagem em manter uma mente ativamente engajada. As atividades que ampliam um pouco suas capacidades intelectuais podem estimular a criatividade e a flexibilidade cognitiva. Isso ajuda o cérebro a se manter em forma à medida que envelhecemos.
- Aterramento: nos dias de hoje, é fácil esquecer que nosso cérebro não foi projetado para se envolver em um mundo totalmente digital. O cérebro prospera quando saímos para espaços verdes e abertos – e isso é algo que muitos de nós esquecemos e de que precisamos desesperadamente.

- Desabafo: não há duas maneiras de fazer isso; não podemos continuar engolindo nosso trauma e esperar permanecer física ou mentalmente saudáveis. É hora de encontrar maneiras de processar nossas experiências passadas para que possamos seguir em frente, bem como desenvolver os tipos de hábitos que nos manterão mentalmente aptos apesar de nossas experiências passadas.
- Propósito: identificar e trabalhar para atingir nossas metas, grandes e pequenas, pode ter um enorme impacto não apenas em nossa autoestima, mas também em nossa resiliência diante do estresse. Aprenda a proteger seu tempo e busque seu verdadeiro objetivo.

Ao fazer mudanças pequenas e consistentes no estilo de vida, você pode ter um impacto enorme na sua saúde mental e no seu bem-estar. Você está no banco do motorista – tomando as decisões que podem aumentar a neurogênese, combater a inflamação e aumentar a diversidade do seu microbioma. Cada princípio se baseia no próximo, trabalhando em conjunto para melhorar sua aptidão mental e otimizar sua saúde mental. Este é um caso em que o todo é realmente mais do que a soma de suas partes. E, o melhor de tudo, você pode fazer isso do seu jeito.

Vamos a isso.

CAPÍTULO 3

Autoconhecimento

Charlotte nunca foi de beber muito. Durante seus anos de faculdade, ela era a amiga que se contentava com metade de uma cerveja (ou com uma dose de álcool) para garantir que seus amigos chegassem bem em casa. Antes de se casar, quando trabalhava como assistente editorial em uma revista, ela podia ocasionalmente tomar uma taça de vinho em festas do trabalho ou quando saía com amigos. Na maior parte do tempo, ela me disse que podia pegar ou largar.

Agora, casada e com três filhos, Charlotte às vezes aceitava uma taça de vinho tinto se o marido lhe oferecesse uma depois que as crianças iam dormir. E, ela admitiu, poderia exagerar com uma segunda taça nas raras ocasiões em que ela e o marido conseguiam sair à noite sozinhos e pediam uma garrafa de algo especial. Mas o álcool nunca foi um grande atrativo para ela. Ela não sentia sua atração da mesma forma que tantas outras pessoas pareciam sentir.

E então aconteceu a pandemia de Covid-19.

Lidar com seus três filhos 24 horas por dia, 7 dias por semana – incluindo todas as tarefas extras decorrentes do ensino virtual – exigiu seu preço. Ela achava que sabia como lidar com as coisas como uma mãe ocupada que fica em casa. Mas a pandemia exigiu muito mais dela, e ela sentiu intensamente o estresse daqueles primeiros meses de confinamento. Todos os dias, Charlotte ficava exausta enquanto tentava manter as crianças ocupadas com aulas on-line e outras atividades (e longe da antiga sala de jogos, que tinha sido ocupada por seu marido como um escritório improvisado). Entre a tentativa de gerenciar todas as incógnitas relacionadas a esse novo vírus e três crianças entediadas e hiperativas com idades entre cinco e doze anos, ela estava exausta. Não ajudava em nada o fato de que suas atividades normais para aliviar o estresse, que incluíam aulas de dança semanais e saídas regulares com os amigos, não estavam mais disponíveis para ela.

Sua única pausa acontecia todos os dias por volta das seis horas da tarde, quando o marido terminava sua última teleconferência e entretinha as crianças enquanto ela preparava o jantar. Charlotte disse que não sabe exatamente quando isso começou, mas ela começou a se servir de uma taça de vinho todas as noites enquanto preparava a refeição. Seu marido pode até ter sugerido isso. A taça deveria ser apenas uma coisinha para ajudá-la a relaxar.

Com o tempo, aquela taça se tornou duas. Duas se tornaram três. Quando o confinamento terminou e as crianças voltaram para a escola, Charlotte percebeu que estava bebendo pelo menos uma garrafa de vinho por noite. Ela ficou chocada com a quantidade de álcool que estava consumindo – e continuava a consumir sem pensar duas vezes. Isso estava afetando seu sono. Estava afetando seu humor. No entanto, ela não conseguia descobrir como diminuir ou interromper seu consumo. Foi então que ela me procurou.

"Eu nem percebi o que estava acontecendo", ela me disse. "Nunca fui de beber. Agora, de repente, estou bebendo? E mesmo que eu precisasse de alguma coisa para ajudar durante o confinamento, isso acabou. Mas mesmo quando digo a mim mesmo que não vou tomar uma taça, na hora do jantar, é como se eu estivesse em um tipo de piloto automático de vinho. Eu nem percebo que tenho uma taça na mão até que ela esteja quase vazia."

O PODER DA AUTOCONSCIÊNCIA

Costuma-se dizer que não se pode gerenciar o que não se pode medir. Mas eu diria que, antes de começar a pensar em qualquer tipo de métrica, você deve primeiro estar ciente de que há um problema que você precisa resolver. Porque não há como gerenciar o que talvez você nem perceba. Sigmund Freud, fundador da psicanálise, gostava de dizer que o objetivo do trabalho psicanalítico era "tornar o inconsciente consciente". Esse é o principal objetivo do que nós, psiquiatras, fazemos na psicoterapia com nossos pacientes. Até que vejamos a nós mesmos – e nossos mecanismos de enfrentamento – com clareza, é quase impossível encontrar maneiras mais saudáveis de navegar pelo mundo ao nosso redor. É por isso que a autoconsciência é realmente a pedra angular da aptidão mental. Muitos de nós andamos por este mundo sem prestar atenção em nossos hábitos – o que os desencadeia, o que os apoia e que consolo eles nos trazem. Para Charlotte, essa falta de autoconsciência a levou a beber mais vinho do que queria. Para outras pessoas, isso pode envolver ficar acordada até muito tarde navegando no Instagram, interferindo em uma boa noite de descanso. Outros ainda podem se empanturrar de *junk food* enquanto assistem a um programa de televisão ou evitam inconscientemente as obrigações sociais. É muito fácil dizer que isso é simplesmente uma falta de autodisciplina, mas esses tipos de habilidades de enfrentamento que não são ideais surgem quando ficamos alheios aos nossos sentimentos, às nossas necessidades e à melhor maneira de administrá-los. Há muitas coisas que cada um de nós pode fazer para ajudar a cultivar a aptidão mental. Mas até que nos tornemos mais autoconscientes – percebendo os padrões e os comportamentos que podem estar interferindo na cura do cérebro moderno – é impossível fazer as mudanças necessárias para chegar lá. Tudo começa, para usar a frase de Freud, fazendo o "não-controle consciente". Não é necessário fazer terapia.

Atualmente, fala-se muito em atenção plena – um dos sinais claros de que estamos prestando mais atenção à nossa saúde mental. Mas muitas vezes não há tanta discussão sobre como deve ser exatamente a atenção plena. Ao longo dos anos, conheci muitos pacientes que fazem uma careta diante dessa ideia. Eles me dizem: "Já tentei isso. Não funciona para mim". Ao ouvir a palavra, você pode pensar imediatamente em monges ou retiros de meditação. Aquele amigo ou familiar que está sempre recomendando uma determinada aula de yoga ou um aplicativo de relaxamento também pode vir à mente. Embora essas coisas possam ajudar algumas pessoas para chegar a um estado mais consciente, elas não são essenciais. Para nossos propósitos, é importante voltar aos fundamentos do que é a atenção plena – e isso é estar consciente de si mesmo. *Mindfulness* é simplesmente encontrar uma maneira de estar totalmente presente no momento, enquanto desenvolve a capacidade de saber onde está, o que está fazendo e como está se sentindo. É isso que permitirá que você avalie, mesmo no nível mais básico, seus hábitos, suas necessidades e seu bem-estar geral. A autoconsciência é fundamental para que você faça mudanças.

É a base da aptidão mental. E, infelizmente, a maioria de nós não é muito boa nisso.

No clássico filme dos anos 1980, *Sorte no amor*, Annie Savoy, interpretada por Susan Sarandon, diz: "O mundo foi feito para pessoas que não são amaldiçoadas com autoconsciência". Ela está certa. A cultura ocidental promove a agitação e a conveniência. Supõe-se que devemos estar constantemente ativos e produtivos. Fazemos malabarismos, realizamos várias tarefas e ainda assim ficamos com a sensação de que não fizemos o suficiente. Não há tempo para a autorreflexão quando se espera que continuemos a nos movimentar sem considerar o que isso está fazendo com nosso corpo e cérebro. Nossos calendários são excessivamente cheios e frequentemente nos descrevemos como ocupados demais.

Depois, há a visão da mídia social sobre a autoconsciência. Embora tenha havido um trabalho científico incrível que forneceu evidências de que a plenitude mental tem benefícios significativos para o cérebro humano, ela foi cooptada por aqueles que tentam lhe vender algo, geralmente prometendo que um produto, aplicativo ou serviço de assinatura facilitará a atenção plena. Mas você não precisa meditar por horas a fio para desenvolver a autoconsciência. Não é necessário fazer um curso ou baixar um aplicativo com um sujeito com um suave sotaque inglês que o lembre de ser grato. Alguns de meus pacientes obtiveram ajuda desses aplicativos, mas não por muito tempo. Acredite ou não, você já tem todas as ferramentas necessárias para se tornar mais consciente de si mesmo. E isso começa quando você diminui o ritmo e adota uma abordagem mais observadora em relação à sua vida.

Em nossa primeira consulta, Charlotte confessou sua preocupação de que não conseguiria parar de beber. No entanto, ela já tinha dado um primeiro passo fundamental para fomentar a mudança: ela observou que tinha desenvolvido um hábito que não estava servindo a ela ou à sua saúde mental. Quando você se torna mais autoconsciente, coloca-se em uma posição de verdadeiro poder. Você pode dar um passo atrás e observar as diferentes maneiras pelas quais seu ambiente, seus relacionamentos e seu próprio crítico interno podem estar levando-o a trabalhar contra sua própria saúde cerebral. Porém, o mais importante é que, uma vez que você perceba essas diferentes variáveis, poderá estabelecer o roteiro certo para gerenciá-las melhor. Você pode dar a si mesmo o poder de assumir o controle de sua própria aptidão mental.

ENTENDENDO OS HÁBITOS

Antes de falarmos sobre como passar para um modo mais observacional, provavelmente vale a pena fazer uma rápida introdução sobre como os seres humanos desenvolvem hábitos ou comportamentos específicos que se tornaram rotina. O cérebro foi projetado para ajudá-lo a criar hábitos. Pense nisso: o cérebro humano tem muito a fazer. Ele é responsável por cada pensamento, cada sentimento e cada movimento. Ele é responsável não apenas por todas as funções autonômicas que o mantêm vivo, mas também por todas as outras coisas que permitem que você navegue livremente pelo mundo ao seu redor.

Por ser um órgão tão ocupado, ele não tem a largura de banda necessária para lidar com tudo em um nível consciente. Considere a respiração. Imagine se você tivesse que dizer conscientemente ao seu cérebro para dizer aos seus pulmões para puxar um pouco desse doce oxigênio regularmente. Você não seria capaz de se concentrar em mais nada. Seu cérebro, entretanto, garante que a respiração não ocupe muitos recursos, tornando-a automática. Você não precisa pensar em respirar para inalar o oxigênio de que precisa. Isso acontece inconscientemente, para que seu cérebro possa se concentrar em todas as outras coisas que precisa fazer.

Embora a respiração não seja exatamente um hábito em si, é algo que não requer manutenção consciente. À medida que crescemos, aprendemos e adquirimos outras habilidades além das necessidades corporais básicas, queremos – não, precisamos – nos certificar de que elas não exijam muito do cérebro. Queremos torná-las inconscientes. Portanto, na maioria das vezes, qualquer comportamento que se torna uma segunda natureza – que você adota sem pensar conscientemente – é um tipo de hábito. Quando ouvimos o despertador pela manhã, automaticamente nos dirigimos à cozinha, muitas vezes com os olhos ainda semicerrados, para ligar a cafeteira. Você recebe um e-mail de trabalho tenso e, inconscientemente, começa a roer as unhas. Quando fechamos a porta do carro, colocamos imediatamente o cinto de segurança. Você vai ao cinema para assistir ao mais recente sucesso de bilheteria e vai direto para a fila da concessão, mesmo que não esteja realmente com fome. Quando vemos o grande prazo em nosso calendário, procrastinamos em vez de começar a trabalhar. Ou, se você for como Charlotte, quando começa a preparar o jantar, reflexivamente se serve uma taça de vinho.

Seu cérebro está sempre em busca de recompensas – seja comida, bebida, amor ou apenas um pouco de alívio do estresse. Quando você se envolve em um comportamento que leva a uma recompensa, o cérebro percebe. Em resposta, ele libera uma dose de um neurotransmissor especial, a dopamina.

É provável que você já tenha ouvido falar sobre a dopamina. Muitos a chamam de substância química do prazer do cérebro. Mas ela é muito mais do que isso. Na verdade, é uma substância química de aprendizado. Ela está lá para nos dizer o que é bom – para que saibamos que devemos continuar buscando isso. Os estudos mais recentes da neurociência nos dizem que a dopamina é liberada *antes de* concluirmos uma determinada tarefa ou comportamento, de modo que continuamos a buscar uma recompensa específica ou a agir para evitar algo ameaçador ou estressante. A dopamina pode agir tanto como uma cenoura quanto como um bastão – mas ela está lá para nos motivar a agir. Ela também está lá para nos ajudar a desenvolver todos esses hábitos que economizam recursos cerebrais.

À medida que você repete ações ao longo do tempo, seu cérebro constrói novos caminhos neurais que, por fim, formarão circuitos de hábitos. A dopamina que você recebe como parte do seu comportamento o ajudará a tornar um determinado comportamento parte de sua rotina. Quanto mais vezes você fizer isso, menos terá de pensar a respeito – e assim nasce um hábito.

Estudos de pesquisa sugerem que pode levar de 18 a 254 dias para solidificar um único hábito, seja ele beber um copo de água todas as manhãs, escovar os dentes antes de dormir, fazer uma corrida diária ou qualquer outro comportamento regular. O tempo e a repetição tornam o hábito ritual, conectando certas ações diretamente em seu cérebro até o ponto em que elas se tornam uma segunda natureza.

É útil entender o ciclo do hábito em três partes: estímulo, rotina e recompensa. Vamos considerar o hábito de Charlotte de beber vinho. A deixa é a hora do jantar – aquele primeiro intervalo em que ela tem alguns minutos em que não é responsável por todos os outros. A rotina é servir a taça de vinho. No início, era algo isolado, mas, com o tempo, tornou-se parte de sua rotina na hora do jantar. Ela servia a taça sem sequer pensar nisso. Por fim, há a recompensa. O álcool, que é um depressor, desacelera o sistema nervoso central, proporcionando temporariamente uma sensação de relaxamento. O álcool também estimula o receptor opioide, um tipo de receptor que pode resultar em uma sensação de euforia leve, o que também contribui para essas boas sensações. Mas o álcool não é a única recompensa nesse cenário. Outros fatores também tiveram um papel importante na criação desse hábito. A recompensa de ter esse tempo para si mesma depois de um dia agitado. A recompensa de saber que seus filhos estão sendo bem cuidados pelo pai. A recompensa da boa refeição que está por vir. Todas essas coisas diferentes se juntaram para ajudar Charlotte a criar esse hábito. E todas elas devem ser consideradas agora que ela decidiu que precisa acabar com ele.

Agora que você entende como os hábitos são formados – e o que é necessário para rompê-los – você pode ver por que a autoconsciência desempenha um papel tão importante no cultivo da aptidão mental.

SE VOCÊ O CRIA, PODE ROMPÊ-LO

Os hábitos podem se tornar profundamente arraigados. Mas isso não significa que sejam inquebráveis. Se você desenvolveu um hábito que não lhe serve mais, como aconteceu com Charlotte ao beber vinho à noite, você pode se livrar dele. E isso começa com a autoconsciência. Depois de reconhecer o hábito que deseja romper, você precisa descobrir como remover ou, pelo menos, ser mais consciente dos sinais que o levam a se envolver com ele, sempre que possível, e substituir qualquer recompensa que possa obter dele.

No caso de Charlotte, ela precisava de algo que a ajudasse a relaxar à noite, enquanto preparava o jantar. Em vez de servir uma taça de vinho, discutimos diferentes opções de substituição. Será que ela gostaria de um *mocktail* divertido? Um copo de suco de romã com um pouco de água com gás em uma taça de vinho? Ou a minha preferida – um pouco de kombucha? A ideia era ter uma bebida que ela gostasse para substituir o vinho. Algo que acrescentasse um pouco de um ritual relaxante à preparação do jantar, sem o álcool.

Outro paciente meu, Andy, tinha o péssimo hábito de roer as unhas. Ele era uma pessoa que se orgulhava muito de sua aparência, sempre se vestindo de acordo com as últimas tendências da moda. Estava sempre perfeitamente arrumado. Até que você olhava para as unhas.

"Minha ansiedade leva meus dedos direto para a boca", disse ele. "Eu nem percebo que estou fazendo isso."

Ele tinha tentado de tudo – manter as unhas supercurtas, usar um esmalte de gosto amargo e até mesmo, em seu ponto mais baixo, hipnose. Até agora, nada tinha funcionado para ele. Pedi que ele retrocedesse um pouco e tentasse se conscientizar mais sobre quando estava roendo as unhas. Anotar alguns de seus gatilhos. Assim como Charlotte, ele logo percebeu alguns padrões comuns – geralmente envolvendo questões de trabalho.

Uma vez que Andy estava mais consciente do que o levava a roer as unhas, era hora de considerar uma atividade substituta. Ele ficou cético quando sugeri que comprasse um kit de manicure sofisticado. Ele literalmente riu alto. Mas para alguém que se importava tanto com sua aparência, achei uma ótima ideia. Quando ele sentia o estresse que normalmente o levava a roer as unhas, podia substituir esse comportamento por aparar as cutículas ou polir as unhas. Em poucos meses, ele tinha unhas lindas e uma maneira mais saudável de lidar com o estresse que geralmente culminava em roer as unhas.

Sei que estou lhe dando apenas o básico aqui. O que quero enfatizar é que, em primeiro lugar, os hábitos podem ser quebrados e, em segundo lugar, isso começa com a autoconsciência. É isso que fornece a você a capacidade de identificar os sinais que desencadeiam seu hábito, bem como os itens ou comportamentos de substituição significativos que podem coçar a coceira do seu hábito.

COMO SE TORNAR MAIS CONSCIENTE DE SI MESMO

Agora, é claro, você deve estar se perguntando: "Mas como faço para me tornar mais autoconsciente?" Essa é uma boa pergunta.

Estudos de pesquisa demonstraram que a autoconsciência, ou a capacidade de monitorar conscientemente nossos pensamentos internos e comportamentos externos, proporciona uma série de benefícios. A capacidade de nos vermos claramente aumenta a confiança e a criatividade. Isso nos ajuda a tomar decisões mais informadas. Isso nos torna melhores amigos, parceiros amorosos e membros da família. Devemos promover a autoconsciência porque ela é um catalisador de mudanças. E ela nos ajuda a moldar nossa aptidão mental.

Infelizmente, tornar-se mais consciente de si mesmo nem sempre é algo natural. Como o cérebro foi projetado para adquirir todos esses hábitos e rotinas para reduzir a carga cognitiva, é preciso um esforço consciente para observar suas interações, tanto dentro de sua cabeça quanto no mundo exterior.

Então, como exatamente se começa a perceber as coisas que fazemos inconscientemente? Tudo começa com a adoção dessa postura de observação. Imagine que você é um historiador ou antropólogo tentando entender um determinado comportamento sem julgamentos. Em seguida, dê um passo para trás e realmente analise qualquer aspecto de sua vida que você acha que pode estar impedindo sua aptidão mental. Mas lembre-se de ser gentil com você mesmo – não se trata de se punir por um hábito específico. Trata-se de reconhecer as situações e circunstâncias que podem estar contribuindo para esse comportamento. Pense em como você aconselharia um amigo querido em sua situação a promover uma conversa interna mais positiva.

Aumentar e manter a autoconsciência ao longo da vida é fundamental – mas um aviso rápido. A consciência em si não muda as coisas. De fato, a autoconsciência pode aumentar nossa dor no início. Ficamos cientes das maneiras pelas quais estamos contribuindo para nossos problemas ou dos parâmetros aparentemente imutáveis de nossa situação ou de nós mesmos. A conscientização requer coragem, e isso pode ser difícil de reunir quando estamos lutando. Embora todos nós possamos ser evitativos até certo ponto, ajuda ver que, sendo assim, na verdade criamos uma cascata de problemas maiores, mesmo que a princípio pareça mais fácil. Enfrentar nossos desafios é mais difícil na superfície, mas é o único caminho para a aptidão mental.

Algumas pessoas conseguem facilmente se afastar e observar a si mesmas. Mas outras podem ter dificuldades. É por isso que costumo recomendar o registro em diário para aumentar sua autoconsciência. É uma ótima maneira de fazer um balanço de onde você está – e de onde quer estar. É um lugar para rabiscos e GRANDES IDEIAS que você escreve em letras maiúsculas. É uma ferramenta simples para acompanhar seus hábitos e, por fim, suas metas. Ela pode ajudá-lo a entender melhor os vários fatores que podem estar contribuindo para um determinado comportamento. E, talvez tão importante quanto isso, pode ajudá-lo a descobrir como gerenciá-lo melhor no futuro.

SUGESTÕES DE DIÁRIO DE AUTOCONSCIÊNCIA

A autoconsciência, em sua forma mais básica, é um ato de autodescoberta. Algumas pessoas são hábeis em escrever livremente sobre como se sentem, mas outras precisam ser estimuladas. Aqui estão algumas perguntas que podem ajudá-lo a escrever melhor sobre o que está sentindo no momento. A lista não tem a intenção de ser exaustiva. Em vez disso, ela serve para ajudá-lo a pensar sobre quem você é, o que quer e como se sente.

Neste momento, eu me sinto ____________________. Gostaria que as pessoas entendessem que _____________________ me deixa estressado. As coisas que faço melhor são ________________________. Meu maior medo é _________________________. Um hábito que espero desenvolver é ____________________. A emoção que mais sinto é ____________________. Nem sempre sinto que posso demonstrar minhas emoções aos outros. Sinto que tenho de esconder meus sentimentos quando _______________. Meu humor é instantaneamente perturbado quando _______________. Minha maior força é ____________________________. As emoções que acho mais difíceis de aceitar são __________________________. O que eu faço para cuidar de mim mesmo? _______________________________. Quais emoções tenho a tendência de evitar ou reprimir? ________________________. O que está indo bem em minha vida neste momento? ____. Qual é o meu pior hábito? ________________________.

Por exemplo, para ajudar Charlotte a se tornar mais consciente de sua ingestão de bebidas, pedi a ela que mantivesse um diário na cozinha e registrasse diariamente cada taça de vinho que servia *antes de* bebê-la e apenas algumas palavras sobre como estava se sentindo. Ao manter esse registro, ela não poderia mais consumir inconscientemente uma garrafa de vinho. E ela podia ver o padrão óbvio – se estava se sentindo estressada, irritada, exagerada ou apenas com sede. Apenas adicionando uma simples confirmação para uma nova taça e seus sentimentos no papel, ela ficou imediatamente ciente de quanto estava bebendo e de todas as emoções que poderia estar automedicando.

"Eu colocava a marca de verificação no diário e parava para pensar em como estava me sentindo. Mesmo que não leve muito tempo para escrever algo, é tempo suficiente. Isso me faz parar e pensar se eu realmente quero outra taça de vinho", disse ela. "Na maioria das vezes, percebo que realmente não quero. Foi quando percebi que precisava começar a escrever não apenas antes de beber, mas antes mesmo de servir."

Em apenas algumas semanas, Charlotte percebeu uma redução significativa na quantidade de vinho que consumia por noite.

Esse é um dos benefícios de anotar as coisas. Isso não só ajuda a observar o que você está fazendo e como está se sentindo em um determinado momento, mas também proporciona uma pequena pausa para que você possa pensar sobre o que deseja. Isso torna esses hábitos inconscientes conscientes – e o coloca em uma posição em que você pode pensar se quer continuar com um comportamento. Além disso, isso lhe dá a oportunidade de considerar se existe uma maneira diferente de lidar com seus sentimentos. Depois que Charlotte percebeu um padrão de irritação ao longo de vários dias, ela continuou a escrever em seu diário para tentar descobrir o que estava ampliando esse sentimento para ela – e como poderia lidar melhor com ele.

"As crianças estavam em uma fase em que pelo menos uma delas odiava o que eu estava cozinhando. E, você sabe, esses pratos eram os favoritos antes", disse ela. "E eles choramingavam e reclamavam depois que eu fazia toda aquela comida, e meu marido não dizia nada a respeito. Percebi que precisava que ele desse um passo à frente e dissesse para eles pararem com isso."

No passado, disse ela, esses sentimentos poderiam ter ficado engarrafados por um tempo, apenas para vir à tona durante uma discussão. Mas ao reconhecer essa irritação antes que ela se transformasse em uma bagunça incontrolável, ela conseguiu ter uma conversa calma com o marido sobre o assunto. Na vez seguinte em que uma das crianças reclamou, ele lidou com a situação como um profissional. Ela disse que até o mais novo comeu todo o brócolis naquela noite.

"Escrever as coisas está me ajudando a perceber quantas vezes eu costumava engolir essas pequenas coisas até que elas cresciam e cresciam e se tornavam enormes para mim", disse ela. "É realmente muito mais fácil lidar com elas quando permanecem pequenas."

Também devo mencionar que escrever um diário pode ser benéfico mesmo que não haja um comportamento específico que você esteja tentando controlar. Você pode pensar de forma mais geral – e pegar uma caneta e escrever suas metas e a melhor forma de atingi-las. Ao fazer isso, você também pode identificar quaisquer obstáculos que possam estar impedindo seu progresso – e como superá-los. Esse é o tipo de coisa que a maioria de nós faz no trabalho o tempo todo, por meio de planejamento, reuniões e e-mails. Se fazemos isso pelo nosso trabalho, por que não dedicaríamos tempo para fazer o mesmo pela nossa saúde mental? Mais importante ainda, o que precisa mudar para que você dedique esse tempo?

Você também pode usar seu diário para praticar a gratidão ou refletir. Faça uma lista de todas as coisas boas em sua vida. Isso o ajudará a apreciá-las mais – você adivinhou – tornando-o mais consciente delas. Reserve algum tempo para escrever os valores mais importantes para você, os princípios que acredita serem os mais importantes para orientar sua vida e seu trabalho. Novamente, ao colocar a caneta no papel, você pode ter mais consciência de onde está vivendo de acordo com seus valores, bem como identificar áreas em que poderia fazer algumas mudanças para viver mais alinhado com eles. Esses exercícios também são bons para o cérebro. Às vezes, não sabemos o que está escondido em nossas emoções complicadas... até escrevermos.

CONCENTRE-SE NO QUÊ

Você também pode escrever um diário sobre seus sentimentos. Acho que essa é uma maneira poderosa de exorcizar alguns dos demônios internos que podem interferir na saúde mental robusta. Mas, com muita frequência, usamos nossos diários apenas como depósito de nossas emoções negativas. Embora isso possa nos fazer sentir bem no momento, talvez não proporcione insights que nos ajudarão a melhorar nossa autoconsciência. Uma pesquisa de Tasha Eurich, PhD, psicóloga organizacional que estuda a autoconsciência, sugere que você pode aumentar sua autoconsciência quando se concentra no *quê* em vez de *no porquê*. Sua pesquisa mostra que reformular as perguntas que você faz a si mesmo pode fornecer informações práticas para ajudá-lo a fazer mudanças.

Pense nisso. Com muita frequência, nossa introspecção nada mais é do que o porquê. Por que eu disse isso? Por que não consigo superar esse término de namoro? Por que não consigo ir para a cama em um horário razoável? Por quê? Por quê? Por quê? Infelizmente, quando fazemos essa pergunta a nós mesmos, tendemos a nos concentrar nos aspectos negativos. Eu disse isso porque estava com raiva. Não consigo esquecer esse rompimento porque nunca vou encontrar alguém tão bom quanto meu último parceiro. Não consigo ir para a cama em um horário razoável porque estou muito estressado no trabalho. Nenhuma dessas respostas lhe dá muito mais do que sentimentos sombrios contínuos. Mas quando você começa a se perguntar *quais são* as perguntas, pode pensar além das coisas ruins e começar a pensar em possíveis soluções para o que quer que esteja lhe afligindo.

Considere a questão da hora de dormir. Em vez de se perguntar por que, pense no *que* pode estar acontecendo todas as noites que o impede de dormir o tão necessário sono. Claro, o trabalho pode estar estressando-o seriamente no momento. Mas concentrar-se nisso não o ajudará a resolver o problema em questão: sua higiene do sono.

Quando você começa a imaginar o que está acontecendo em seu mundo pessoal todas as noites, pode identificar melhor o que pode estar lhe afligindo. Muitas pessoas vão para a cama e imediatamente começam a fazer um "doomscrolling" (ficar rolando o feed vendo tragédia atrás de tragédia) nas mídias sociais ou aceitam sem pensar o convite da Netflix para assistir ao próximo episódio. Se esse for o seu caso, interromper o tempo de tela uma hora antes de dormir pode ajudar. Talvez você não esteja lutando com o tempo de tela, mas tende a ir para a cozinha algumas horas depois do jantar para se entregar a um lanche açucarado. Ao pensar nisso, você pode perceber que comer à noite muitas vezes faz com que você se sinta cheio demais e desconfortável para dormir. Talvez seja hora de trabalhar para retirar esse momento de comer de sua rotina noturna. Ou pode ser que o seu "o quê" esteja acontecendo ainda mais cedo. Aquele refrigerante com cafeína ou café depois do jantar que mantém sua mente agitada quando é hora de se desligar.

Quando você se concentra no quê, em vez de no porquê, perceberá que está mais aberto a aprender novas informações sobre seus hábitos – e a encontrar maneiras de gerenciá-los. Você pode usar essa abordagem para analisar seus hábitos, suas reações instintivas a determinadas situações (o que há nas visitas à casa da minha irmã que sempre me incomoda?) ou outras coisas em sua vida que talvez precisem ser esclarecidas. E então, com os insights obtidos, você poderá determinar o que pode ou deve fazer para ter mais paz e bem-estar.

NÃO É NECESSÁRIO TREINAMENTO EM MEDITAÇÃO

Nem todo mundo gosta de escrever um diário – eu entendo. Mas cada um de nós pode respirar.

Há uma razão pela qual a meditação é um tema tão importante no espaço do bem-estar. Ela pode ajudar a induzir um estado elevado de consciência nas pessoas, ajudando-as a concentrar sua atenção no presente. Ela também pode atuar como um sério alívio do estresse, com estudos mostrando que pode reduzir a inflamação e ajudar a controlar os sintomas de ansiedade, razão pela qual alguns de meus colegas prescrevem a meditação juntamente com medicamentos antidepressivos.

Pesquisas que examinaram os cérebros de monges tibetanos, que fazem carreira meditando horas e horas por dia, mostram uma atividade cerebral que apoia tanto o relaxamento quanto a autorregulação – o que levou pesquisadores como Bin He, neurocientista da Universidade Carnegie Mellon, a sugerir que as práticas meditativas otimizam a forma como o cérebro usa seus recursos, concentrando a atenção no que é mais importante. Ele também levanta a hipótese de que as mudanças observadas nas redes cerebrais durante a meditação ajudam a levar o cérebro a um estado de neuroplasticidade elevada.

Isso é bom. Sabemos que o modo de crescimento é uma parte fundamental da aptidão mental. Mas e se você não tiver tempo para dedicar algumas horas por dia à meditação? E se, como muitos dos meus pacientes já me disseram, você não consegue nem saber se está realmente meditando quando tenta fazê-lo?

Você pode respirar.

Sério, você não precisa de uma meditação completa de três horas para obter grandes benefícios para o cérebro (a menos que você queira). Você pode obter muitos dos mesmos efeitos apenas reservando algum tempo para sentar e respirar. Quando eu estava crescendo, muitos livros para pais sugeriam que as mães e os pais dissessem a seus filhos para respirar e contar até dez quando estivessem em um estado emocional elevado. Isso poderia impedi-los de se agredir desnecessariamente. Acontece que há alguma ciência por trás desse conselho. Fazer uma pausa e respirar durante uma breve contagem regressiva pode ajudá-lo a regular melhor suas emoções – e ajudá-lo a considerar se realmente deseja dizer palavras duras ou se comprometer com uma ação específica quando estiver chateado. Acredite ou não, essa velha regra é uma porta de entrada para a meditação. Ao fazer uma pausa e respirar, você pode ficar mais consciente de seus sentimentos no momento e como eles podem estar afetando você.

Outra ferramenta poderosa e, na minha opinião, essencial para o condicionamento físico masculino é o trabalho de respiração, que leva a respiração a um novo patamar, especialmente para pessoas que sofrem de ansiedade. Em sua forma mais básica, o trabalho de respiração consiste em controlar conscientemente cada parte da respiração. Inspire por algumas contagens, segure por mais algumas contagens e, em seguida, expire profundamente. Repita por dois a cinco minutos para ajudar a acalmar os sintomas de ansiedade ou para ajudar a se colocar em um estado de consciência elevada. Embora existam práticas de respiração mais complexas e antigas a serem exploradas, como o Pranayama Yoga, uma coisa de que gosto no trabalho de respiração é o fato de ser uma prática fácil de começar. Você pode começar com as opções mais básicas e ainda assim sentir os efeitos rapidamente.

Em um recente estudo controlado e randomizado, pesquisadores da Universidade de Stanford compararam os diferentes tipos de trabalho de respiração com a meditação da atenção plena para ver se eles tinham efeitos semelhantes em termos de redução do estresse e bem-estar geral. Eles dividiram o trabalho de respiração em três categorias distintas: suspiro cíclico, em que você prolonga e dobra a expiração em comparação com a inspiração ou retenção; respiração em caixa, em que você inspira, segura e expira pelo mesmo período de tempo; e hiperventilação cíclica com retenção, em que você enfatiza uma inspiração superprofunda. Os pesquisadores descobriram que o trabalho de respiração melhorou o humor e ajudou a acalmar a respiração e o coração, mas o suspiro cíclico, com uma expiração dupla, proporcionou o maior benefício.

O suspiro cíclico é um método fácil de dominar e, novamente, leva apenas alguns minutos. Sente-se confortavelmente, inspire contando até quatro, expire contando até quatro e, em seguida, expire duas vezes como se estivesse tentando esvaziar os pulmões. Repita por vários minutos até sentir seu coração e sua respiração desacelerarem. Além de melhorar seu humor, isso também pode ajudá-lo a adotar uma postura mais autoconsciente, para que você possa examinar melhor sua vida e entender o que precisa no momento.

Às vezes, quando estou me sentindo corajoso antes de uma palestra em uma conferência, peço dois minutos para que o público faça um exercício de respiração. Enquanto respiramos profundamente e expiramos longamente, peço a todos que levem sua consciência para a sala. Nunca entendi exatamente o que acontece, mas todas as vezes há uma mudança muito poderosa na sala. Estamos presentes uns com os outros e conscientes... e isso leva apenas alguns minutos.

SEMPRE SE MANTENHA EM UMA POSTURA AUTOCONSCIENTE

Não existe uma abordagem única para o autoconhecimento. E também devo mencionar que alcançar a autoconsciência é uma jornada, não um destino. É algo que, independentemente de quão bem ajustados sejamos, todos nós precisamos trabalhar consistentemente para promover a aptidão mental.

Iniciei os princípios básicos da aptidão mental aqui porque a autoconsciência é fundamental para nossos esforços de cura do cérebro moderno. Precisamos ser capazes de ver a nós mesmos e nossos hábitos de forma objetiva para entender onde podemos fazer mudanças que nos trarão os maiores benefícios. E quer você escreva em um diário, respire ou simplesmente dê um passo para trás e tente olhar em terceira pessoa para uma situação específica, você descobrirá que aprenderá coisas importantes sobre si mesmo e sobre a maneira como reage ao mundo ao seu redor.

À medida que avançarmos, haverá muitas oportunidades para exercitar o autoconhecimento. Mas eu gostaria de mencionar novamente que a autoconsciência deve ser um espaço livre de julgamentos. Muitas de nossas atividades regulares, como o ritual noturno do vinho de Charlotte, não surgem porque somos ruins ou insalubres. Elas se desenvolvem porque não estamos prestando atenção e se transformam em hábitos automáticos. Quando nos tornamos mais autoconscientes, podemos prestar atenção – e entender o que é necessário para mudá-los. Isso nos leva a um espaço onde podemos facilitar tanto o desejo quanto os recursos para curar nossos cérebros modernos.

DICAS PARA AUMENTAR A AUTOCONSCIÊNCIA

Reconheça o poder de acompanhar algo importante com a frase "Eu não sei". Muitas vezes, os pacientes que acabaram de compartilhar algo muito autoconsciente o acompanham com a frase "Eu não sei". Por exemplo, quando Charlotte veio me ver, suas primeiras palavras foram: "Acho que posso estar bebendo demais, não sei."

Os terapeutas se referem a esse hábito como *negação*. Ou seja, estamos esvaziando conhecimentos importantes que temos – e ficamos um pouco desconfortáveis ao fazer isso. Se você se pegar fazendo isso, tente trocar o "não" em "não sei" por "muito claramente" e veja como se sente em relação à declaração anterior. Quando pedi a Charlotte que repetisse sua declaração como "Acho que posso estar bebendo demais, sei muito bem", isso ressoou. O inconsciente dela estava tentando lhe dizer algo. Talvez o seu também esteja tentando lhe dizer algo.

Assuma a responsabilidade. As pessoas geralmente reclamam das instituições ou de outras pessoas. Ao fazermos isso, colocamos a culpa nos outros, externalizando o problema em questão. O problema é que isso é incrivelmente desempoderador: se o problema está nas outras pessoas, não temos a capacidade de mudá-lo. O que acontece quando você assume a responsabilidade? Quando você aumenta sua consciência sobre a tendência de externalizar os problemas em sua vida, você passa a ter mais controle – e a capacidade de fazer as mudanças necessárias para cultivar uma melhor saúde mental e bem-estar.

Seja gentil com você mesmo. Às vezes, a autoconsciência é difícil porque é doloroso expor as coisas que nos fazem sentir constrangidos ou envergonhados. É nesse ponto que é importante acrescentar mais autocompaixão. Todos nós cometemos erros. E, quando aprendemos com eles, podemos nos tornar pessoas mais gentis e empáticas.

CAPÍTULO 4

Nutrição

Todos os dias, depois que Connie, uma profissional de marketing de 38 anos, voltava do trabalho para casa, ela abria a geladeira e olhava para a pilha de refeições prontas que a aguardava. Nos últimos meses, ela vinha recebendo dez refeições por semana de um serviço popular de refeições de superalimentos. Essas refeições, que são anunciadas como saudáveis, ricas em nutrientes e com proporções adequadas, são aquecidas no micro-ondas em menos de cinco minutos. Quando Connie ouviu falar delas pela primeira vez – por meio de uma influenciadora de *fitness* que ela segue no Instagram – ela achou que eram exatamente o que ela precisava para ajudar a manter sua dieta sob controle.

"Sou tão atarefada no trabalho que muitas vezes perco o almoço e, quando chego em casa, como toda essa porcaria de comida", disse ela. "Essas refeições são muito caras, mas pareciam ter sido criadas para alguém com meu estilo de vida. Fáceis, saudáveis e rápidas."

Sua descrição me fez lembrar de meus dias de residência. Com excesso de trabalho e pouco descanso, eu costumava pegar qualquer comida para viagem que ainda estivesse aberta no caminho do hospital para casa – se eu não tivesse comido metade de uma pizza fria na sala de plantão antes de sair. Com o tempo tão escasso, a alimentação saudável estava no final da minha lista de prioridades. Se esses tipos de serviços de refeição estivessem disponíveis naquela época, eu provavelmente teria me inscrito – se pudesse pagar por eles.

No entanto, à medida que Connie prosseguia, rapidamente ficou claro que essas refeições, por mais cheias em nutrientes que fossem, não estavam dando conta do recado. Toda vez que ela vai pegar uma das refeições, mesmo aquelas que ela sabe que são bastante saborosas, Connie disse que se sente desanimada. Nem mesmo a conveniência parece valer a pena.

"Estou pagando todo esse dinheiro por essas refeições para que eu realmente tenha um jantar saudável", disse Connie. "Mas agora estou tão entediada com elas que acabo deixando-as na geladeira e pedindo comida – ou simplesmente comendo qualquer porcaria que tenha em casa. Eles são tão chatos e *sem alegria*." Como uma das principais vozes do movimento de psiquiatria nutricional, passei a entender o poder que os alimentos podem ter sobre a saúde do cérebro. Mas ouço histórias como a de Connie com muita frequência. Mais do que nunca, as pessoas estão em busca de alimentos saudáveis – com uma pitada de conveniência – e acabam se decepcionando. Isso se deve, em grande parte, a todas as informações conflitantes e contraditórias que ouvimos regularmente sobre alimentação saudável. Sem mencionar o fato de que raramente falamos sobre como comer para nossa saúde mental – e isso está interferindo em nossa capacidade de alimentar nossos cérebros com os alimentos de que eles precisam para prosperar.

De alguma forma, a nutrição moderna se tornou, por si só, uma grande barreira para a obtenção da aptidão mental. Isso é uma triste ironia, dado o fato de que sabemos mais do que nunca sobre nutrição e o cérebro. Infelizmente, parece que não conseguimos ligar os pontos para dar ao nosso cérebro a nutrição de que ele precisa. Eu poderia apontar o dedo para o marketing enganoso dos alimentos, para os influenciadores do bem-estar que vendem qualquer produto que lhes pague ou até mesmo para as bem-intencionadas empresas iniciantes de entrega de refeições, mas grande parte da culpa por esse estado de coisas recai diretamente sobre nós. Historicamente, simplesmente não priorizamos a alimentação do bem mais incrível que temos – e essa é a causa principal de nosso sofrimento mental.

Cada vez mais, quando sou entrevistado por membros da mídia, me fazem a seguinte pergunta: "A alimentação moderna é responsável, pelo menos em parte, por nossa epidemia de saúde mental moderna?"

Para ser sincero, eu costumava ficar bastante irritado com essa pergunta. Mas com mais de uma década de estudos científicos consistentes mostrando o papel que os alimentos desempenham na saúde do cérebro, estou mais decidido do que nunca em minha resposta: Sim. A alimentação moderna desempenha um papel importante.

Os alimentos modernos ultraprocessados e nossa relação com os alimentos em geral contribuem claramente para a epidemia de saúde mental. Mudar a forma como nos alimentamos é uma das intervenções mais poderosas que podemos fazer na saúde mental pública. É preciso alguma reorientação e ajuste, mas, de modo geral, abordar a saúde do cérebro dessa forma é barato, bastante simples e, o mais importante, altamente sustentável em longo prazo.

PROBLEMAS COM A DIETA MODERNA

O cérebro moderno está enfrentando uma série de novos desafios – e muitos deles vêm da evolução de nossa relação com os alimentos.

Se você estudou em uma escola nos Estados Unidos no século XX, provavelmente conhece a pirâmide alimentar do Departamento de Agricultura (USDA). Essa representação dos grupos alimentares básicos – grãos, frutas e legumes, laticínios, carnes e aves e gorduras – chegou às aulas de saúde nas escolas no início da década de 1990. Ela argumentava que a base de uma dieta saudável, ilustrada pela base da pirâmide, envolvia de seis a onze *porções* de pão, macarrão ou outros grãos *por dia* – e sugeria que quaisquer óleos ou gorduras deveriam ser consumidos com moderação, se é que deveriam ser consumidos. Ao ler essas palavras, você provavelmente pode imaginar a pirâmide alimentar, um elemento básico de livros didáticos e apresentações de dietas durante décadas. Era um conceito bastante fácil de seguir para ajudá-lo a encher seus pratos.

Hoje, o USDA atualizou a pirâmide para um Plano MyPlate mais fácil de seguir, tornando-a um pouco mais personalizável. Agora você pode ajustar seu prato de acordo com sua idade, necessidades dietéticas e orçamento. Mas as recomendações subjacentes são basicamente as mesmas. E elas sofrem do mesmo problema: não levam em conta que nem todos os alimentos são criados iguais. A densidade de nutrientes, ou as quantidades de vitaminas benéficas, minerais, carboidratos complexos, proteínas magras e gorduras saudáveis contidas em um determinado alimento. É um desafio curar o cérebro moderno quando a maneira como comemos, cozinhamos e nutrimos nosso corpo se tornou tão distorcida. Nos últimos cem anos, nossos hábitos alimentares passaram de alimentos locais e frescos da fazenda para itens de conveniência pré-embalados e processados. Até mesmo as refeições de grife da Connie, que são saudáveis e frescas como anunciadas, deixam a desejar. Embora sejam uma grande melhoria em relação ao jantar light de micro-ondas da sua mãe, elas ainda podem deixar as pessoas se sentindo sem inspiração e sem vontade de comer, desanimado.

Em algum momento, a indústria de alimentos mudou a maneira como pensamos sobre alimentação. E a influência esmagadora da cultura da dieta não ajuda em nada. Com muita frequência, somos informados de que não devemos comer para desfrutar, ou mesmo comer para viver – devemos comer para nos mantermos magros. Esse tipo de pensamento permeia quase todos os aspectos da sociedade atual. Os consumidores são bombardeados com informações intrigantes e muitas vezes imprecisas sobre os alimentos e sua influência na saúde e no bem-estar. Para começar, é um desafio peneirar todas essas informações, quanto mais descobrir como usá-las para fazer mudanças positivas em sua própria dieta.

O RETROCESSO NA ALIMENTAÇÃO MODERNA

Milhares de anos atrás, muito antes de nos estabelecermos e começarmos a depender de culturas agrícolas centrais como milho, trigo e arroz, nossos ancestrais caçadores-coletores encontravam alimentos onde podiam, buscando plantas comestíveis e caçando. Essas pessoas estavam intrinsecamente ligadas aos ambientes em que viviam e aos alimentos que existiam naturalmente neles. Para sobreviver, ficar parado estava fora de questão. Eles precisavam se mover com as estações do ano para se manterem vivos. Graças ao trabalho pioneiro dos antropólogos biológicos, sabemos hoje que a dieta média dos caçadores-coletores consistia em cerca de 130 alimentos diferentes. Isso é bastante variado – muito, muito mais do que nossa geração de comedores.

Há cerca de doze mil anos, começaram a surgir as práticas agrícolas. Os caçadores-coletores começaram a se estabelecer e a trabalhar a terra para cultivar seus alimentos. No entanto, embora isso significasse uma grande mudança na maneira como as pessoas se alimentavam, a grande maioria do sustento de cada pessoa vinha de fontes locais e ingredientes simples e integrais. Foi assim que as coisas aconteceram por milênios. Mesmo que voltássemos algumas gerações, nossos bisavós se alimentavam com alimentos frescos e sazonais, cultivados em fazendas a poucas dezenas de quilômetros de suas casas.

Hoje, porém, as coisas mudaram radicalmente. O cenário alimentar norte-americano foi construído sobre a base de operações agrícolas industrializadas e alimentos ultraprocessados e pré-embalados. Quase sessenta por cento do que o americano médio consome se enquadra na categoria de alimentos processados – uma categoria repleta de níveis excessivos de carboidratos refinados, corantes alimentares, emulsificantes e conservantes. Não é possível dirigir mais do que alguns quarteirões sem passar por um restaurante de *fast-food* ou uma loja de conveniência com prateleiras cheias de alimentos. E nossa ingestão de açúcar – especialmente o açúcar processado – disparou. Em muitos países desenvolvidos, a quantidade de açúcar processado aumentou para 68 kg por pessoa, por ano. Os tipos de alimentos mais acessíveis (e, muitas vezes, mais baratos) – que são ativamente comercializados para você e sua família – estão repletos dos mesmos ingredientes que seus médicos o alertam enfaticamente para evitar a todo custo.

Observe os rótulos dos ingredientes de muitas embalagens no supermercado e você provavelmente verá muito mais produtos químicos – indicados por nomes técnicos longos que você não consegue pronunciar – do que ingredientes alimentares reais. Isso não apenas dificulta a ingestão dos nutrientes de que nosso cérebro precisa para ajudar a reforçar nosso próprio bem-estar mental – os nutrientes essenciais de que precisamos e que são mais bem recebidos por meio do consumo de alimentos naturais e integrais que os contêm –, mas a dieta ocidental típica também nos faz ingerir várias moléculas que são prejudiciais à saúde do cérebro.

Por exemplo, alimentos fritos. Muitos de nós já fomos alertados sobre o perigo dos alimentos fritos para a nossa saúde física, principalmente para a saúde cardiovascular, mas, de acordo com a pesquisa dos Centros de Controle e Prevenção de Doenças (CDC), quase quarenta por cento dos adultos na América do Norte consomem alimentos de restaurantes de *fast-food*, que estão cheios de frituras, todos os dias. São muitas batatas fritas.

Mas esses alimentos fritos fazem mais do que apenas entupir nossas artérias. Eles também podem afetar a função cerebral. Uma maneira de fazer isso é por meio de uma substância química chamada *acrilamida*. Diversos estudos demonstraram que a acrilamida, que se forma a partir de açúcares e aminoácidos durante métodos de cozimento em alta temperatura, como a fritura, aumenta o risco de desenvolver câncer e doenças cardiovasculares. Os estudos mais recentes sugerem que ela desempenha um papel no desenvolvimento de condições de saúde mental, como ansiedade e depressão.

Pesquisadores da Universidade de Zhejiang, na China, queriam entender por que o consumo frequente de alimentos fritos – especialmente as diferentes variações de batatas fritas – estava associado a um risco maior de diagnóstico de depressão ou ansiedade. Os pesquisadores expuseram o peixe-zebra à acrilamida, um subproduto criado quando se fritam alimentos, e depois observaram o comportamento e o que estava acontecendo em seus cérebros.

A princípio, você pode pensar: peixe-zebra? O que pode dizer um peixinho? O que um peixinho pode nos dizer sobre os cérebros humanos? Na verdade, muito. O peixe-zebra, ou *Danio rerio*, é um modelo popular para pesquisas neurocientíficas. Embora sejam pequenos em estatura, esses peixes têm um sistema nervoso semelhante ao dos mamíferos. Isso fez com que eles se tornassem uma referência para laboratórios de pesquisa em todo o mundo que estão buscando informações sobre o envelhecimento do cérebro, a eficácia de novos medicamentos para doenças relacionadas ao cérebro e, agora, como os fatores ambientais podem influenciar o desenvolvimento e o comportamento do cérebro.

Após a exposição prolongada à acrilamida, os peixes do estudo de Zhejiang começaram a agir de forma um pouco estranha. Embora o peixe-zebra geralmente goste de sair e explorar a luz do sol, os animais do grupo da acrilamida tendiam a sair correndo em direção à luz, mas imediatamente se retiravam para as áreas mais escuras do aquário. O peixe-zebra também é bastante sociável, gostando de ficar com seus amiguinhos peixes, formando cardumes. Mas não os peixes expostos à acrilamida. Eles tendiam a ficar sozinhos. E o peixe-zebra também é uma criatura bastante curiosa. Os peixes-zebra saudáveis exploram seus tanques para se adaptarem melhor ao ambiente. O peixe com acrilamida, no entanto, ficava preso a uma pequena área do tanque. Em conjunto, os pesquisadores acreditam que essas mudanças de comportamento sugerem algo semelhante a sintomas de ansiedade e depressão.

Quando os pesquisadores examinaram os cérebros desses peixes após os testes comportamentais, encontraram altos níveis de inflamação. Parece que a acrilamida reduz significativamente a expressão de um gene conhecido como *tjp2a*. Esse gene produz uma "proteína de junção estreita" que age como uma cola molecular para manter unidas as células da barreira hematoencefálica, o revestimento protetor que envolve nosso cérebro. A exposição à acrilamida também resulta em alterações na forma como o cérebro processa lipídios, ou gorduras, importantes. Tudo isso contribui para o excesso de inflamação. Na última década, passamos a entender que essa inflamação pode contribuir para a depressão e a ansiedade.

De fato, quando os pesquisadores do Brigham and Women's Hospital de Boston e da Harvard T. H. Chan School of Public Health examinaram a ligação entre a ingestão de alimentos ultraprocessados, como batatas fritas, e a depressão, descobriram que o maior consumo estava associado ao aumento do risco de depressão. Pesquisadores do Food & Mood Centre da Universidade de Deakin, na Austrália, fizeram seu próprio estudo analisando a relação entre o consumo de alimentos ultraprocessados e o estresse psicológico elevado – uma medida que é frequentemente usada para indicar possível depressão. Mesmo após o controle de fatores como características sociodemográficas e de saúde, o grupo constatou que as pessoas que consumiam mais alimentos ultraprocessados tinham maior probabilidade de relatar maior sofrimento psicológico, o que, com o tempo, aumentaria a necessidade de uma intervenção de saúde mental.

À medida que mais estudos analisam como a dieta ocidental afeta nosso cérebro, uma coisa fica clara: ao nos afastarmos dos alimentos integrais e ricos em nutrientes, estamos fazendo mais do que apenas estamos fazendo mais do que apenas aumentar o risco de câncer e doenças cardíacas. Estamos prejudicando nossos cérebros.

UMA OBSERVAÇÃO SOBRE O MARKETING DE ALIMENTOS

Eu seria negligente se não mencionasse outro fator que nos levou a adotar a dieta ocidental: o marketing de alimentos. Os comerciais com personagens divertidos e slogans pegajosos, especialmente aqueles aos quais somos expostos quando crianças, permanecem conosco. Não acredita em mim? Mencione Tony, o Tigre, para qualquer grupo de pessoas com mais de trinta anos e garanto que pelo menos uma pessoa gritará: "Eles são ótimos!" em resposta. Esses anúncios são projetados para serem memoráveis por um motivo. Eles querem que nossos cérebros reconheçam a embalagem brilhante para que joguemos o item no carrinho enquanto fazemos compras.

Cereais açucarados, alimentos prontos para micro-ondas e restaurantes gastam bilhões de dólares todos os anos em propagandas – a maioria delas projetada especificamente para atrair as crianças. Veja o caso das lanchonetes de *fast-food*. De acordo com o Rudd Center for Food Policy and Health da Universidade de Connecticut, os restaurantes de *fast-food* estão aumentando seus gastos totais com publicidade – e comprando tempo comercial durante a programação infantil da televisão. Em 2019, eles gastaram US$ 5 bilhões em publicidade total, o que praticamente garante que seus filhos verão pelo menos dois comerciais de *fast-food* enquanto assistem à televisão. As crianças que passam o tempo nas mídias sociais ou no YouTube ainda são visadas – com marcas de *fast-food* pagando por inserções de produtos, patrocínios e oportunidades de engajamento interativo. E, embora muitos desses restaurantes tenham prometido oferecer itens de cardápio mais saudáveis, seus comerciais se concentram em seus pratos regulares, com alto teor de sódio e calorias.

Mas esse não é o nosso único inimigo do marketing de alimentos. Embora já saibamos há décadas o poder que os comerciais de televisão podem ter sobre os alimentos que decidimos comprar, agora também precisamos enfrentar os influenciadores das mídias sociais. Até mesmo contas do Instagram com apenas alguns milhares de seguidores podem conseguir patrocínios hoje em dia. Infelizmente, muitos pôsteres populares na área de bem-estar ficam muito felizes em falar sobre o suplemento saudável X ou o pó probiótico que estimula o microbioma Y. Não só seus filhos e adolescentes estão assistindo a essas pessoas, como você também deve estar – e elas estão distorcendo sua compreensão do que é uma alimentação saudável.

SUPLEMENTAR ISSO TAMBÉM?

A essa altura, você pode estar pensando: "Tudo bem, tudo bem, eu sei que não devo exagerar em certos alimentos. Mas sempre posso compensar isso com suplementos".

Você não seria o único a pensar assim. Nos últimos cem anos, muitos norte-americanos estão dependentes de um multivitamínico diário para aumentar certos níveis de vitaminas e minerais que talvez não estejam obtendo dos alimentos que consomem. Na maioria das vezes, seu médico de atenção primária é quem lhes diz que devem começar a tomá-lo como uma *apólice de seguro*.

Certamente, os suplementos podem ser úteis para tratar deficiências de nutrientes ou para indivíduos com condições médicas que impedem a absorção de nutrientes. Eles podem ajudá-lo a aumentar a vitamina D durante os meses mais cinzentos do inverno ou a aumentar o folato durante a gravidez. Mas é importante entender que o multivitamínico, ou qualquer outro suplemento, não pode substituir totalmente o valor nutricional de alimentos integrais saudáveis.

Atualmente, não é possível passar cinco minutos nas mídias sociais sem ver anúncios de pílulas, pós e líquidos que prometem fornecer tudo o que seu corpo precisa para se manter saudável. Mas a verdade é que, mesmo que esses produtos contenham vitaminas e minerais essenciais, seu corpo pode não ser capaz de processá-los. Deixe-me explicar. Seu corpo foi projetado para absorver nutrientes vitais dos alimentos. Minerais comuns, incluindo nutrientes como cálcio, magnésio e ferro, podem bloquear a absorção de outras vitaminas e minerais. Quando você coloca duas ou mais dessas vitaminas em uma pílula, pó ou outra forma, isso geralmente cria um congestionamento no intestino. Seu corpo não consegue absorver a quantidade total contida na vitamina, de modo que a maior parte daquele suplemento de design caro acaba sendo desperdiçada.

Há outros problemas com os suplementos. Eles não são bem regulamentados. Estão cheios de adulterantes, ou seja, ingredientes que não deveriam estar lá. A Food and Drug Administration (FDA) dos Estados Unidos apreende centenas de marcas diferentes de suplementos todos os anos por conterem toxinas, análogos de medicamentos ou até mesmo ingredientes farmacêuticos. Lá se vão as opções saudáveis!

A dosagem errada de certas vitaminas também pode prejudicá-lo fisicamente. O excesso de vitamina A pode causar danos ao fígado. Megadoses de vitamina D podem levar ao acúmulo de cálcio e à formação de cálculos renais. E quando você ingere magnésio em excesso, pode causar problemas gastrointestinais. Ao tentar obter seus nutrientes em forma de pílula, você pode acabar causando mais danos do que benefícios. Eu também acrescentaria que é difícil saber se as vitaminas ajudam. Muitas vezes, quando os pacientes vêm me consultar e eu pergunto quais medicamentos ou suplementos estão tomando, eles começam a listar meia dúzia ou mais de itens. Com tantos suplementos diferentes, não há como saber realmente o que está ajudando e o que não está. Pior ainda, pelo fato de o rótulo dizer "saudável" ou "natural", as pessoas pensam que esses suplementos são bons para o cérebro quando, na realidade, esse não é o caso.

Não estou dizendo que você deve descartar o suplemento que seu médico sugeriu que você tomasse. Mas o que estou dizendo é que, ao pensar em como obter os nutrientes de que seu corpo e cérebro precisam, seu primeiro pensamento deve ser sobre o que os alimentos integrais podem fornecer. Porque o que está acontecendo é que, em vez de obter nutrientes vitais encontrados

Em vez de ingerirmos alimentos integrais que fornecem os blocos de construção de cérebros saudáveis, estamos ingerindo uma série de substâncias semelhantes a alimentos industrializados. E elas não estão dando conta do recado. De acordo com o USDA, a grande maioria dos americanos não está atingindo a dose diária recomendada para os principais nutrientes. Estudos mostram que cerca de cinquenta por cento das pessoas têm deficiência de zinco. Sessenta e oito por cento têm deficiência na ingestão de magnésio. E setenta e cinco por cento não estão conseguindo ingerir o suficiente do folato crucial de que seus cérebros precisam para funcionar da melhor forma possível. E não vamos nos esquecer da vitamina E. Essa vitamina solúvel em gordura é uma peça poderosa em termos de proteção do cérebro. No entanto, noventa e seis por cento dos americanos não chegam nem perto de atingir a dose diária recomendada dessa vitamina essencial! Precisamos desses elementos básicos para prosperar. E a melhor maneira de obtê-los é por meio de alimentos integrais e ricos em nutrientes.

O segredo é saber em quais alimentos você pode encontrá-los.

Isso nem sempre é fácil. Essa é uma das razões pelas quais escrevi *Eat Complete: The 21 Nutrients That Fuel Brainpower, Boost Weight Loss, and Transform Your Health* ("Os 21 nutrientes que aumentam a capacidade cerebral, impulsionam a perda de peso e transformam sua saúde", em tradução livre) e *Eat to Beat Depression and Anxiety: Nourish Your Way to Better Mental Health in Six Weeks* ("Alimente-se para melhorar sua saúde mental em seis semanas", em tradução livre). Ambos os livros não apenas fornecem uma ilustração clara dos conceitos por trás da psiquiatria nutricional, ajudando você a entender melhor as categorias de alimentos que reforçam a saúde do cérebro, mas também oferecem orientações e receitas claras para adicionar facilmente vitaminas e minerais que estimulam o cérebro às suas refeições diárias.

OS OUTROS TABUS DA ALIMENTAÇÃO MODERNA

Seria bom se tivéssemos que lidar apenas com alimentos processados e suplementos. Mas a alimentação no mundo moderno também traz outras grandes armadilhas que podem afetar nossa função cerebral. A cultura da dieta é tóxica. Somos treinados, desde cedo, a comer para sermos magros em vez de saudáveis. Nossos médicos geralmente nos dizem que devemos comer para sermos reduzir o corpo, também. Felice Jacka, pesquisadora do Food & Mood Centre da Austrália e uma verdadeira pioneira no estudo de como a nutrição influencia a saúde mental, disse que essa é uma de suas maiores irritações.

"Grande parte das mensagens sobre alimentação tem sido sobre a epidemia de obesidade e o tamanho do corpo das pessoas", disse ela. "Precisamos nos afastar dessa ideia de que a nutrição tem a ver com o tamanho do corpo e a aparência, o que é muito estigmatizante. Em vez disso, deveríamos dizer às pessoas para nutrirem seus cérebros, seus intestinos, seus corpos e seus espíritos. Isso é algo maravilhoso que você pode fazer por si mesmo – comer não deveria ser uma questão de punição, restrição ou miséria."

Todo ano, há uma nova dieta da moda que chega ao mercado. Na maioria das vezes, a nova dieta do ano sobre o que devemos comer contradiz o que a dieta saudável do ano passado dizia que deveríamos fazer. Essas dietas da moda causam danos incríveis à nossa autoestima e ao nosso bem-estar, pois nos dizem constantemente que estamos comendo errado. Elas também afetam nosso cérebro.

Além da mentalidade de ser magro para ser saudável, há também toxinas literais em nossos alimentos. As práticas de processamento de alimentos podem resultar na adição inadvertida de todos os tipos de toxinas aos alimentos que consumimos regularmente. Embora essas preocupações já tenham sido consideradas histéricas, os estudos científicos mais recentes mostram que os efeitos são irrefutáveis. A exposição a poluentes orgânicos persistentes, como o bifenil policlorado (PCB), a dioxina e o bisfenol A, vem dos alimentos.

Ao mesmo tempo, os microplásticos estão se multiplicando em nossas cadeias de suprimentos marinhas e em nossos saquinhos de chá de ervas favoritos. Os pesquisadores descobriram que os saquinhos de chá mais modernos, que parecem muito elegantes e mantêm o chá fresco, lançam de um a dois bilhões de partículas de microplástico na bebida.

O resultado final de tudo isso – a mistura de nossos valores culturais distorcidos e os potentes equívocos sobre o que constitui um alimento saudável – é que comer está inextricavelmente ligado à vergonha e ao medo. E para milhões de pessoas que já lutam contra a ansiedade, as informações conflitantes e muitas vezes assustadoras sobre o que comer (e o que não comer) podem deixá-las ainda mais preocupadas com suas escolhas alimentares. É de se admirar que

Connie tenha decidido investir em um serviço de refeições, por mais sem alegria que seja? Quando parece que suas escolhas alimentares são algo que você nunca conseguirá acertar, você acaba optando pelo que é mais fácil.

Precisamos encontrar uma maneira de voltar a consumir alimentos integrais, completos com os nutrientes saudáveis de que nosso cérebro precisa, para curar o cérebro moderno.

BLOCOS DE CONSTRUÇÃO PARA A SAÚDE DO CÉREBRO

Você provavelmente já ouviu o velho ditado "você é o que você come". Como acontece, quando se trata de seu cérebro, esse velho ditado é totalmente verdadeiro. Nosso cérebro é feito das mesmas coisas de que são feitos os alimentos naturais. Os neurotransmissores e receptores são formados por proteínas e aminoácidos específicos. Minerais como o zinco, o selênio e o magnésio fornecem os blocos de construção das células cerebrais e dos tecidos circundantes. Eles também fornecem ingredientes essenciais para a criação de neurotransmissores e outras moléculas neuromoduladoras importantes. O sódio e o potássio são minerais que ajudam o cérebro a conduzir os impulsos nervosos e a enviar comunicações importantes entre as células para apoiar o pensamento, a emoção e o comportamento.

Seu corpo não produz nenhum desses minerais por conta própria. Você precisa obtê-los dos alimentos que ingere. Quando sua dieta não contém esses itens, a cognição, o humor e a função cerebral geral serão prejudicados. Considere a serotonina. Você já sabe que a serotonina melhora o humor. Se sua dieta não fornecer alimentos com níveis adequados de nutrientes como ferro, folato e vitamina B12, você não produzirá serotonina em quantidade suficiente. Você aumenta o risco de desenvolver depressão.

Por muito tempo, os médicos não incluíam a alimentação nas avaliações de saúde – e esqueciam-se de tentar determinar se as pessoas estavam se alimentando para promover a saúde mental. Até recentemente, simplesmente não sabíamos quais nutrientes eram mais importantes para alimentar nossos cérebros. Para entender quais nutrientes são mais importantes para a saúde mental, especialmente a depressão, minha colega Laura R. LaChance e eu realizamos uma revisão sistemática para determinar as vitaminas e os minerais mais importantes, bem como os alimentos que os contêm nas maiores densidades. A densidade nutricional, definida de forma simples, é a quantidade de nutrientes que você ingere por caloria em um alimento. Compreender a densidade nutricional de um alimento é agora um princípio fundamental para mim. Para mim, a única razão para contar calorias de um alimento é poder calcular a densidade nutricional dele.

Entender a densidade nutricional é importante. Suas escolhas alimentares determinam o tipo de material de construção que seu cérebro tem à disposição. E para ajudar a curar o cérebro moderno, vale a pena fazer escolhas que contenham os seguintes nutrientes vitais. Eu me aprofundei nos efeitos sobre a saúde mental e nas principais fontes de alimentos, juntamente com receitas ricas em nutrientes, em meus livros anteriores. Aqui estão alguns destaques.

Folato

Não é mais apenas para gestantes! Há um motivo pelo qual as vitaminas para gestantes incluem uma dose saudável de folato, um tipo de vitamina B. Ele ajuda a apoiar a criação e o desenvolvimento de novas células e é vital para a produção de neurotransmissores importantes, como a serotonina. Você pode encontrá-lo em alimentos como couve-de-bruxelas, laranjas e folhas verdes. Mas uma das minhas fontes favoritas de folato são as lentilhas.

Ferro

Seu cérebro funciona com sangue oxigenado. Isso significa que o ferro é o melhor amigo de seu cérebro. O ferro é um componente importante da hemoglobina, a proteína das células vermelhas do sangue que ajuda a transportar o oxigênio dos pulmões para o cérebro. Você também precisa de ferro para produzir o neurotransmissor dopamina. O ferro é facilmente acessível em qualquer tipo de carne. Mas você também pode encontrar amplas reservas desse mineral em alimentos como sementes de abóbora, castanhas de caju, ostras e no espinafre, a refeição preferida do Popeye.

Ácidos graxos ômega-3 de cadeia longa

É um nome longo, sem dúvida. Mas esses ácidos graxos poli-insaturados de cadeia longa (tente dizer isso dez vezes rápido), incluindo o ácido eicosapentaenoico (EPA) e o ácido docosahexaenoico (DHA), ajudam a fornecer ao cérebro os materiais de construção e isolamento que facilitam a transmissão neurológica. Seu corpo produz alguns desses ácidos graxos naturalmente no fígado, mas não o suficiente para ajudar o cérebro a funcionar da melhor forma possível. Você deve aumentar suas reservas consumindo frutos do mar, inclusive salmão selvagem, anchovas, ostras e algas.

Magnésio

Esse mineral supostamente ajuda a acalmar o sistema nervoso. As pessoas costumam falar sobre o magnésio como um auxílio para dormir. Mas esse mineral também ajuda a regular neurotransmissores importantes, inclusive a serotonina e outros que ajudam a manter o humor. O magnésio pode ser encontrado no feijão, espinafre, amêndoas e castanhas de caju.

Potássio

Se a simples menção da bomba de Na+/K+ lhe trouxer flashbacks de biologia do ensino médio, peço desculpas. Mas o K+, ou potássio, é necessário para cada impulso elétrico que viaja ao longo de um neurônio. As bananas são uma excelente fonte desse mineral. Mas você pode encontrá-lo em outras frutas e vegetais frescos, incluindo brócolis, batata-doce e feijão branco.

Selênio

Quando se pensa em vitaminas e minerais saudáveis, o selênio pode não ser o primeiro nome que vem à mente. Mas esse mineral-traço ajuda a criar um poderoso antioxidante para apoiar a saúde do cérebro. Ele também desempenha um papel significativo no funcionamento adequado da glândula tireoide, uma parte importante do sistema endócrino do seu corpo. Os hormônios liberados pela tireoide ajudam a regular o humor e os níveis de energia – e também ajudam a combater a ansiedade. O selênio pode ser encontrado em alimentos como aveia, ostras, castanha-do-pará e cogumelos.

Tiamina (B1)

A primeira vitamina a ser identificada, a tiamina, é fundamental para a saúde do cérebro. Ela ajuda a converter os carboidratos ingeridos em uma forma de energia que o corpo – e o cérebro – podem usar. Se você é um carnívoro, a carne bovina é uma ótima fonte de tiamina. Mas você também pode encontrá-la em nozes e legumes.

Vitamina A

Um cérebro saudável é um cérebro plástico, que pode crescer, se adaptar e mudar em resposta ao ambiente para ajudá-lo a aprender e prosperar. Vários estudos já associaram a vitamina A à neuroplasticidade. Se estiver procurando alimentos que contenham essa vitamina, procure frutas e vegetais de cores vivas, como milho, pimentão, tomate, melancia, melão, cenoura e brócolis. Você também encontrará a vitamina A em frutos do mar, como cavala e salmão selvagem. (Eu estaria sendo negligente se não acrescentasse que o fígado também é uma fonte fantástica dessa vitamina).

Vitamina B6

Outra vitamina do complexo B, a B6, desempenha um papel fundamental no desenvolvimento do cérebro como cofator. Cofatores são vitaminas e minerais que ajudam a catalisar as reações químicas que ajudam nossas células a produzir moléculas importantes, como os neurotransmissores. Você pode encontrar a vitamina B6 em ovos, pistaches e vários grãos integrais.

Vitamina B12

Acrescente a B12 à lista de nutrientes que estimulam o cérebro. Essa vitamina B – a maior das vitaminas que nosso corpo pode absorver – é fundamental para a produção de neurotransmissores que regulam o humor, como a serotonina, a norepinefrina e a dopamina. Ela também ajuda a apoiar a mielinização das células cerebrais – o isolamento que ajuda as células a transmitir sinais de forma mais eficiente e eficaz. As amêijoas, o fígado e os mexilhões são ricos em vitamina B12.

Vitamina C

Você já sabe que a vitamina C é um estimulante do sistema imunológico. Esse poderoso antioxidante também pode neutralizar os danos causados pelos radicais livres nas células cerebrais. Você também já sabe que pode encontrar muita vitamina C nas laranjas. Mas cerejas, pimentões, pimentas vermelhas e folhas de mostarda também contêm uma boa dose dessa vitamina.

Zinco

Esse é o herói desconhecido dos nutrientes para o cérebro. Esse mineral ajuda a regular a sinalização cerebral e a neuroplasticidade. A maioria de nós não está ingerindo zinco suficiente. Felizmente, você pode aumentar seus níveis de zinco acrescentando sementes de abóbora, ostras e peru à sua dieta.

ADOTANDO CATEGORIAS DE ALIMENTOS ESSENCIAIS

Você pode melhorar seu condicionamento mental com a adição desses doze nutrientes. Mas entender que essas vitaminas e minerais são importantes para melhorar a saúde do seu cérebro pode não ajudar muito a mudar sua dieta. Dizer às pessoas que elas precisam ingerir mais ferro, zinco ou vitamina B12 só pode levá-las até certo ponto. Reforçar sua aptidão mental exige mais do que apenas adicionar o mais recente superalimento ao seu prato. Para ajudar o cérebro a trabalhar da melhor forma possível, é mais importante pensar de forma mais ampla sobre as categorias de alimentos.

Comer para curar o cérebro moderno não se trata de pós, suplementos ou adicionar o superalimento do momento à sua dieta. Embora as amoras-azuis, o chá verde, a espirulina e o matcha sejam alimentos excelentes, repletos de nutrientes saudáveis que promovem a saúde do cérebro, eles não são a solução definitiva quando se trata de condicionamento mental. Você precisa de uma ampla variedade de alimentos diferentes para obter todos os nutrientes necessários. Eu também acrescentaria que você deve escolher os alimentos que gosta de comer. Ninguém deveria ter que abrir a geladeira todas as noites como Connie e detestar as opções para o jantar. Do meu ponto de vista, o único componente obrigatório de uma dieta saudável para o cérebro, além dos alimentos não processados, é uma certa dose de alegria. Afinal de contas, a comida deve ser deliciosa. Ela deve acrescentar algum prazer à sua vida diária. Estou aqui para lhe dizer que você pode comer para estimular seu cérebro – e realmente gostar disso. Você *deve* gostar.

Você provavelmente já ouviu falar muito sobre a dieta mediterrânea. Muitos médicos, inclusive eu, a prescrevem para seus pacientes – e por um bom motivo. Esse estilo de alimentação é inspirado nos alimentos e hábitos alimentares tradicionais da região do Mediterrâneo. Tem baixo teor de alimentos processados e alto teor de frutas e vegetais frescos – sem mencionar nozes, legumes, frutos do mar e azeite de oliva. Estudos e mais estudos demonstraram que ela não é apenas boa para o coração, mas também para o cérebro. E reduz o risco de depressão, ansiedade e sofrimento psicológico em geral.

Estudos clínicos demonstram o poder da dieta mediterrânea para reverter também os sintomas de saúde mental. Por exemplo, Jacka demonstrou que fornecer aconselhamento e apoio dietético a pessoas diagnosticadas com depressão, ajudando os participantes do estudo a começar a comer uma versão modificada da dieta mediterrânea, poderia reduzir os sintomas ao longo de doze semanas. Outro grupo de pesquisadores australianos ofereceu a dieta mediterrânea como uma intervenção em pacientes do sexo masculino que haviam sido diagnosticados com depressão moderada a grave. Após doze semanas, os participantes observaram melhoras significativas em seus sintomas. A dieta mediterrânea é uma ótima maneira de obter esses doze nutrientes essenciais, com seus efeitos reais e observáveis no cérebro, da literatura científica para o seu prato. É também uma maneira muito agradável de comer. Mas, com isso em mente, você não precisa seguir a dieta mediterrânea – ou qualquer outra dieta – ao pé da letra. Você pode se concentrar nas seguintes categorias importantes de alimentos para ajudar a garantir que seu cérebro receba as vitaminas e os minerais necessários para prosperar.

Folhas verdes

Você provavelmente já sabia que essa seria a próxima. Mas quando se trata de obter o máximo de benefícios, em termos de nutrientes, as folhas verdes têm uma incrível relação entre nutrientes e calorias. A base do seu prato deve ser composta de espinafre, couve, agrião, rúcula, couve-galega, beterraba e acelga. É isso que lhe dará sua dose diária de vitaminas C e A, além de bastante folato.

Frutas e legumes do arco-íris

Os nutricionistas geralmente recomendam que você "coma o arco-íris". E por um bom motivo! Ao comer frutas e vegetais coloridos, como tomates, pimentões, abacates, brócolis e bagas, você pode consumir fitonutrientes importantes que ajudam a manter a saúde do cérebro, mas também deve ingerir bastante fibra para alimentar os insetos bons do seu microbioma.

Frutos do mar

Sei que nem todo mundo gosta de frutos do mar. Mas essa é a única categoria de alimentos em que é possível ingerir os ácidos graxos ômega-3 de cadeia longa de que o cérebro tanto necessita. Sardinhas, ostras, mexilhões e salmão também estão repletos de vitaminas B12, selênio, ferro, zinco e proteínas. Embora o peixe possa não ser seu alimento favorito, há várias maneiras de apreciar e experimentar os frutos do mar. Com algumas tentativas e erros, você pode, sem dúvida, encontrar a que melhor se adapta ao seu cérebro.

Nozes, sementes e legumes

Cajus, lentilhas e sementes de abóbora, oh meu Deus! Essas incríveis fontes de proteína de origem vegetal oferecem fibras, zinco, ferro e outros nutrientes essenciais. Uma das primeiras coisas que sugiro aos pacientes é substituir seu lanche atual por algumas amêndoas, nozes e castanhas de caju. Até mesmo um punhado desses alimentos cheios de energia pode ajudar muito a melhorar a saúde de seu cérebro.

Carnes

Essa é outra categoria complicada, especialmente porque muitas pessoas preferem uma dieta baseada em vegetais. Dito isso, a carne é uma fonte extraordinária de ferro, proteína e vitamina B12. Por isso, acredito que o antigo debate sobre se devemos ou não comer carne deve evoluir para uma conversa sobre como comer carne de forma saudável e sustentável para nosso corpo e para o planeta. Quando você adiciona carne bovina alimentada com capim à sua dieta, você não está apenas obtendo proteína. Você também está consumindo alimentos que contêm gorduras mais saudáveis, vitamina E e carotenoides que os animais ingerem quando vagam e comem vegetação natural.

Ovo

Não é à toa que chamam o ovo de incrível! Com apenas setenta calorias, esse alimento incrivelmente acessível e simples é uma proteína quase ideal. Ele também contém vitaminas do complexo B e colina, ambas associadas à redução dos sintomas de humor e ansiedade.

Alimentos fermentados

As pesquisas mais recentes sobre as conexões entre o intestino e o cérebro mostram que ter um microbioma diversificado – ou uma população diversificada de bactérias saudáveis no trato gastrointestinal – ajuda a manter o cérebro saudável. Ao consumir alimentos fermentados como kombucha, kefir, iogurte, chucrute, kimchi, missô e natô, você pode consumir bactérias probióticas vivas para ajudar a garantir que seu intestino esteja repleto de bactérias boas que podem ajudar a melhorar seu humor e sua aptidão mental geral.

Chocolate amargo

Guardei o melhor para o final! O chocolate amargo não é apenas delicioso, mas também uma fonte extraordinária de flavonóis como a epicatequina, uma molécula que traz benefícios para a saúde cardiovascular e cerebral. As pessoas que consomem grandes quantidades de chocolate amargo têm uma redução de 70% no risco de sintomas de depressão clinicamente relevantes. Procure um produto com teor de cacau de pelo menos setenta por cento. Quanto maior a porcentagem de cacau, melhor para seu cérebro.

Essas são as categorias de alimentos que ajudarão a colocar seu cérebro em modo de crescimento, facilitando a produção e a liberação de moléculas que fertilizam o cérebro, como o fator neurotrófico derivado do cérebro (BDNF). São os alimentos ricos em nutrientes que podem ajudar a reduzir a inflamação e, assim, ajudar a reduzir os sintomas de saúde mental. Eles também são os alimentos que alimentam seu microbioma, garantindo a manutenção de uma população saudável e diversificada de insetos bons. Junte todos eles e você terá uma receita para melhorar o humor e a saúde mental.

Mas, assim como Roma não foi construída em um dia, ninguém está esperando que você reformule completamente sua dieta depois de ler este capítulo. Em vez disso, você pode começar de forma simples e fazer algumas substituições ou trocas para aumentar os nutrientes de que seu cérebro precisa para prosperar.

NUTRINDO SEU CÉREBRO

Quando Connie me procurou pela primeira vez, ela estava lutando contra a ansiedade. Quando voltava para casa do trabalho todos os dias, estava exausta do esforço de agir normalmente. A ansiedade também interferia em seu apetite, levando-a a se preocupar excessivamente com quantos gramas de proteína estava consumindo. Essa combinação de sintomas a tornava especialmente vulnerável aos influenciadores do Instagram. Foi por isso que ela optou por esse serviço de refeições fáceis. É também por isso que ela era uma grande fã de proteínas em pó e barras nutricionais. Ela queria que fosse o mais fácil possível ingerir os nutrientes de que precisava para se sentir bem.

Mas aqui está o problema: muitos dos alimentos que são comercializados para todos nós como saudáveis, naturais, multigrãos ou sem glúten ainda são ultraprocessados. E, embora possam ser convenientes – e fazer com que você sinta que está fazendo a coisa certa quando vai ao supermercado todas as semanas –, esses alimentos podem estar nos prejudicando tanto quanto pegar a nossa comida tradicional favorita.

Caso em questão: Quando Jacka e seus colegas se aprofundaram nos dados do estudo SMILES, descobriram algo interessante. Eles decidiram examinar o diário alimentar de cada participante e estimar a proporção de alimentos ultraprocessados, em gramas, em sua dieta geral. Eles descobriram que, para cada redução de 10% nos alimentos ultraprocessados, havia uma melhora significativa na métrica usada para medir os sintomas depressivos. Quanto menos alimentos ultraprocessados os participantes consumiam, melhor era seu humor. É uma descoberta surpreendente.

"Muitas vezes, as pessoas não reconhecem que estão comendo um alimento ultraprocessado quando o consomem de uma caixa – elas acham que é uma massa ou uma pizza, e tudo bem", disse Jacka. "Mas esses alimentos são criados desmembrando o alimento original, quebrando-o em todos esses componentes diferentes e, em seguida, reformulando-o. Eles têm ingredientes extras, como emulsificantes, conservantes e muitos aditivos diferentes. Eles têm ingredientes extras, como emulsificantes, conservantes e muitos aditivos diferentes. E isso é extremamente problemático. Nosso trabalho mostrou que, quando as pessoas consomem muitos alimentos ultraprocessados, elas consomem, em média, quinhentas calorias a mais por dia. Esses alimentos parecem, de alguma forma, contornar os sistemas naturais de regulação do apetite do corpo – e também interagem com os sistemas de recompensa do cérebro para levar as pessoas a comer mais. Embora isso seja ótimo para os bolsos das grandes corporações multinacionais que fabricam esses alimentos, é muito, muito ruim para a nossa saúde."

Portanto, para ajudar Connie – assim como a maioria dos meus outros pacientes –, recomendo que você deixe de lado os alimentos que vêm em caixas ou embalagens plásticas. Há muitas outras maneiras de adicionar alimentos ricos em nutrientes à sua dieta sem depender do complexo industrial de alimentos, sem ter de pensar muito sobre o que está fazendo.

Vamos começar com o café da manhã. Connie normalmente pegava um café e uma barra nutricional "amigável à dieta cetogênica". Em vez disso, sugeri que ela começasse o dia com um *smoothie*. Ao preparar os ingredientes necessários na geladeira na noite anterior – e usar frutas congeladas para facilitar as coisas – ela pode simplesmente despejar, misturar e pronto.

Embora existam muitas receitas de *smoothies* por aí, a maioria não passa de uma glorificada bomba de açúcar. Mas um *smoothie* clássico que estimula o cérebro é simplesmente uma base de kefir, um produto lácteo fermentado, com alguns mirtilos, manjericão e algumas sementes de abóbora. Todos esses alimentos são ricos em nutrientes de que seu cérebro mais precisa. O kefir mantém os bichinhos bons do seu microbioma felizes. Os mirtilos e o manjericão têm muitos fitonutrientes saudáveis. E as sementes de abóbora não são apenas ricas em triptofano, zinco e magnésio – elas também acrescentam uma boa pitada de cremosidade extra a essa refeição matinal.

Esta é uma receita básica. Mas você pode misturá-la de acordo com as frutas e o que você está com vontade de comer. Escolha suas frutas favoritas. Adicione um pouco de couve ou espinafre para comer suas folhas verdes. Em vez de sementes de abóbora, experimente algumas nozes ou sementes de chia. Você pode misturar e combinar. Mas seja qual for sua escolha, você terá fibras, gorduras e verduras para alimentar seu microbioma e seu cérebro. E se você não gosta muito de *smoothies*? Você pode fazer misturas semelhantes usando aveia durante a noite.

Agora vamos pensar no almoço. Na maioria das vezes, as pessoas ouvem sobre a importância de aumentar o consumo de folhas verdes e automaticamente presumem que isso significa comer mais saladas. Agora, eu recomendo o que chamo de salada "brain-bow". Você coloca sua verdura preferida – couve, rúcula, acelga ou espinafre. Em seguida, adicione um pouco de feijão vermelho, abacate, ovo e vegetais coloridos. Ao adicionar essas diferentes categorias de alimentos essenciais, você está fornecendo ao seu cérebro todos os nutrientes de que ele precisa para se manter em forma. Você também está ingerindo proteínas e gorduras para se manter cheio e satisfeito.

Dito isso, entendo que nem todo mundo gosta de saladas. Você pode comer verduras de folhas verdes – bem como alimentos das outras categorias essenciais – da maneira que mais gostar. Você pode refogar as verduras com um pouco de azeite de oliva e alho e cobri-las com salmão ou bife. Você pode adicionar todos os tipos de vegetais coloridos, inclusive as folhas verdes, em suas sopas ou ensopados favoritos. Mas minha maneira favorita de comer minhas verduras é misturando-as em um bom pesto. Você pode adicioná-lo facilmente a frutos do mar frescos, frango ou até mesmo a uma massa fresca coberta com vegetais frescos do arco-íris.

Por fim, também gosto de garantir que minha sobremesa inclua uma pitada de alimento para o cérebro. Recomendo vivamente o chocolate amargo. Não se trata de uma guloseima culpada, feita para ser consumida onde ninguém possa ver você. É um alimento que sabemos que alimenta nosso cérebro. Eu o consumo quase todos os dias. Uma das minhas maneiras favoritas de me deliciar é fazer trufas para o cérebro. Eu coloco tâmaras, nozes, chocolate amargo e nibs de cacau e os enrolo em uma bola. Esse é o tipo de doce que fornece magnésio, fibra, zinco e vitaminas do complexo B de que seu corpo precisa. Você pode obter sua nutrição em cada uma das deliciosas mordidas de chocolate amargo.

MAS E A CETOSE?

Você deve ter notado que não falamos sobre dietas cetogênicas neste capítulo. Atualmente, parece que todas as celebridades estão falando sobre o poder da dieta cetogênica, ou seja, uma dieta com alto teor de gordura, média proteína e baixo teor de carboidratos para perder peso e aumentar a energia. A ideia é que ela coloca seu corpo em um estado de cetose, o que, em teoria, instrui o corpo a queimar gordura em um ritmo elevado. Mas a omissão dessas recomendações é intencional. Embora existam alguns estudos que demonstram que as dietas cetogênicas podem ajudar pacientes com epilepsia ou transtorno bipolar a controlar melhor seus sintomas, há pouquíssimas evidências científicas que demonstrem outros benefícios para o cérebro. Um estudo piloto realizado em 2024 com vinte e três pacientes com esquizofrenia ou transtorno bipolar mostrou melhorias significativas na saúde física e mental quando os participantes seguiram uma dieta cetogênica. No entanto, o estudo foi bastante pequeno, portanto, tudo o que podemos dizer com certeza é que são necessários mais estudos para verificar se essa dieta pode ser benéfica para a saúde mental. O veredito ainda não foi dado e, até que haja ensaios controlados maiores que demonstrem sua eficácia, disse Jacka, é melhor ficarmos com o que sabemos que funciona bem para o cérebro: "Parece haver um mal-entendido generalizado de que os carboidratos são ruins – as pessoas estão de alguma forma confundindo donuts com batata-doce ou aveia", disse Jacka. "E o fato é que a dieta cetogênica pode ser bastante perigosa para algumas pessoas. É preciso muita orientação de um nutricionista para fazê-la de forma a não causar problemas nutricionais. Isso não quer dizer que não haja potencial para que esse tipo de dieta seja útil, mas precisamos gerar a base de evidências primeiro."

Jacka acrescentou que outro problema com a dieta cetogênica atualmente é que muitos seguidores recorrem a alimentos ultraprocessados para cumprir as regras incrivelmente restritivas.

"Quando você olha para a dieta cetogênica, ela realmente é o oposto do que as evidências nos dizem sobre alimentação para a saúde mental e a saúde intestinal", disse ela. "A menos que você esteja seguindo uma dieta muito cuidadosa, explicitamente projetada para lidar com fibras, polifenóis e gorduras saudáveis, você está perdendo os nutrientes de que seu cérebro precisa para funcionar melhor."

ALIMENTAÇÃO PARA A APTIDÃO MENTAL

Passei muito tempo neste capítulo falando sobre nutrientes e as melhores categorias de alimentos para encontrá-los – e por uma boa razão. Mas comer para curar o cérebro moderno é mais do que apenas suas escolhas alimentares. Significa nunca mais ter de abrir a geladeira para outro jantar chato e sem alegria. Isso envolve comer os alimentos que você gosta de comer. Trata-se de ser mais sociável e desfrutar de suas refeições com amigos e familiares. É encontrar maneiras de adicionar alimentos integrais à sua dieta – e talvez até mesmo se capacitar para aprender a preparar os alimentos que você gosta da maneira que você gosta.

Eu também acrescentaria que a alimentação para a aptidão mental não precisa ser cara – apesar do que o seu influenciador de mídia social favorito possa estar tentando lhe vender. Voltando ao estudo SMILES, Felice Jacka e seus colegas decidiram analisar mais do que apenas os tipos de alimentos que as pessoas estavam consumindo – eles também fizeram uma avaliação econômica completa das melhorias dietéticas sugeridas. Eles descobriram que os participantes do estudo economizaram, em média, cerca de 25 dólares por semana em alimentos, mas uma análise mais profunda dos dados também mostrou outras economias notáveis.

"Tivemos um economista da área de saúde que analisou todos os tipos de dados e mostrou que houve uma economia de aproximadamente 2.500 dólares australianos por participante", explicou Jacka. "Isso foi mais do que apenas o que as pessoas estavam gastando com alimentação. Eles também observaram que as pessoas do grupo da dieta passavam muito menos tempo fora de suas funções diárias e consultavam os profissionais de saúde com menos frequência. Portanto, a mudança na dieta não estava ajudando apenas a saúde mental; ela teve um impacto muito mais global sobre a saúde."

Sei que a alimentação é complicada – e há muitos mitos e equívocos circulando sobre o que é uma alimentação saudável. Mas é possível comer para manter a saúde do cérebro de forma econômica e alegre. E pode fazer isso de uma forma que funcione para você.

Em meu trabalho clínico, aprendi que pessoas diferentes precisam comer coisas diferentes para melhorar a saúde do cérebro. Algumas pessoas precisam de um amigo ou membro da família para ajudá-las a criar as receitas certas e apoiá-las enquanto trabalham para adicionar mais alimentos ricos em nutrientes à mistura. Outras precisam da estrutura de uma aula de culinária. (Essa é uma das razões pelas quais criei uma aula de culinária digital, a Mental Fitness Kitchen). Outros ainda podem se beneficiar do trabalho com um nutricionista registrado para ajudá-los a encontrar as substituições e os complementos certos.

Dito isso, ao procurar curar o cérebro moderno, estou aqui para lhe dizer que você não encontrará o que procura no frasco de suplemento ou em um jantar glorificado na TV. Eles podem ser convenientes, mas não são realmente o que seu cérebro precisa. Você pode nutrir seu corpo – e seu cérebro – fazendo algumas trocas simples e encontrando maneiras de melhorar os alimentos que você já aprecia com algumas opções ricas em nutrientes. (Para os leitores que desejarem orientações mais detalhadas, incluindo receitas e planos de refeições, gostaria de indicar o livro *Eat Complete: The 21 Nutrients That Fuel Brainpower, Boost Weight Loss, and Transform Your Health* e *Eat to Beat Depression and Anxiety: Nourish Your Way to Better Mental Health in Six Weeks*).

Você pode voltar a ter prazer em comer. E, nesse processo, apoiar sua aptidão mental de forma nutritiva e deliciosa.

CAPÍTULO 5

Movimento

Meu tio Bob sempre foi um dos primeiros a adotar a tecnologia.

Ele mesmo, um psiquiatra, foi o primeiro adulto que conheci a não apenas apreciar a importância do condicionamento físico para apoiar um estilo de vida mais saudável, mas também integrar exercícios regulares em sua vida agitada. No início da década de 1990, ele transformou sua caverna de homem no porão, com televisão de tela grande e sistema de som surround, em uma academia doméstica. Atrás do sofá em que meus primos e eu passávamos horas jogando videogame, ele colocou uma bicicleta ergométrica, uma máquina de remo e – a *pièce de résistance* – uma NordicTrack, uma engenhoca de exercícios aeróbicos estranha que pretendia imitar o esqui cross-country. Todos os domingos, se o tempo estivesse muito ruim para atividades ao ar livre, o tio Bob convidava seus dois melhores amigos para virem se exercitar. Enquanto um filme de ação tocava ao fundo (geralmente *Duro de matar* ou qualquer outra coisa estrelada pelo machão e versátil Bruce Willis), ele e seus amigos suavam, revezando-se nas diferentes máquinas em intervalos de vinte minutos até o fim do filme.

Essa foi minha introdução ao "treinamento *fitness*". Enquanto outros podem ter se inspirado em Jane Fonda ou na aula local de Jazzercise, eu tinha um porão de um sobrado e um grupo de homens de meia-idade tentando recuperar seus dias de glória atlética.

No verão em que fiz 15 anos, depois de provar que era um estudante-atleta razoavelmente robusto no salto com vara, meu tio me convidou para participar do grupo de exercícios dominicais. Eu estava *animado*. Toda vez que eu vinha passar o fim de semana, ficava de pé ao lado do sofá, fazendo alguns exercícios de bíceps com alguns pesos livres, até chegar a minha vez de subir em um dos equipamentos de cardio. Mas, por mais empolgado que eu estivesse em participar do que eu considerava uma façanha de força bastante masculina, percebi que realmente não gostava de malhar nos sofás. A NordicTrack parecia estranha para mim. Mesmo depois de encontrar algum tipo de ritmo empoleirado nos esquis, eu nunca me sentia bem. Ficava olhando para os meus pés, imaginando se eu parecia tão ridículo quanto me sentia ao tentar manter o equilíbrio na máquina frágil. Não me saí muito melhor na máquina de remo. Nunca conseguia entrar em um ritmo, alternando entre puxar a barra com muita força ou, de alguma forma, não conseguir. Mas até mesmo pedalar na bicicleta ergométrica, que meu corpo sabia instintivamente como fazer graças a todos os quilômetros que percorri em minha Schwinn em casa, parecia uma tarefa árdua. Eu olhava para o cronômetro, esperando impacientemente que meu intervalo de tempo terminasse. Nem mesmo as perseguições de carros barulhentas e rápidas na tela grande conseguiam me distrair do meu tormento entediante. Tentar aumentar minha frequência cardíaca na estrada para lugar nenhum, independentemente do equipamento que eu usasse, parecia desajeitado e irritante.

Enquanto eu tentava pedalar o máximo possível na bicicleta ergométrica, não pude deixar de pensar em como o tio Bob e eu passávamos nosso tempo nos dias amenos e ensolarados de Chicago. Naqueles domingos, tio Bob cancelava a festa de ginástica no porão e dizia a meus primos e a mim para pegarmos nossas bicicletas. Saíamos para as trilhas ao redor do Lago Michigan, prontos e dispostos a aproveitar ao máximo o bom tempo. Pedalávamos por quilômetros, curtindo o sol e a camaradagem. Em um desses passeios épicos de domingo, percebi que estávamos fora há quase três horas. Estávamos todos nos divertindo tanto, correndo pelas trilhas e apenas apreciando a paisagem, que não percebi quanto tempo havia se passado. Sinceramente, eu teria continuado a pedalar por mais um tempo.

Já naquela época, eu me perguntava por que só conseguia, na melhor das hipóteses, tolerar minhas pedaladas na bicicleta ergométrica. Eu passava o tempo contando os segundos até o fim do meu intervalo. Em passeios ao ar livre, no entanto, eu poderia aparentemente continuar para sempre. Eu me perdia na experiência completa do passeio. Embora eu sentisse o esforço de ter de apertar os pedais com mais força para subir uma ladeira ou de alcançar um dos meus primos durante uma corrida, o desconforto nunca perdurava. Pedalar ao ar livre, mesmo quando você calculava o tempo ou a quilometragem extra, parecia diferente. Era natural e divertido. Eu diria até que era uma alegria.

Movimentar meu corpo dessa maneira fez mais do que apenas manter minha frequência cardíaca elevada durante o período recomendado de exercícios de intensidade moderada sugerido por especialistas em saúde para manter meu corpo e cérebro saudáveis. Isso fez com que eu me sentisse bem. Ajudou-me a sair da minha cabeça. Permitiu que eu descomprimisse e me concentrasse em algo diferente dos pensamentos intrusivos que estavam me atrapalhando. Achei esses passeios de bicicleta ao ar livre tão benéficos que, quando me mudei para a cidade de Nova York, eu ia para o trabalho todos os dias de bicicleta. Era um trajeto de apenas dez minutos, nem de longe um "exercício". Mas eu me sentia à vontade ao pedalar, pedalando o mais rápido que podia para driblar o trânsito da cidade e pegar cada semáforo enquanto ia e voltava da clínica. Melhor ainda eram as noites em que eu não precisava voltar para casa com pressa. Era quando eu estendia minha pedalada por vários quilômetros, indo para o centro da cidade e depois dando a volta na ilha novamente, dando-me tempo e espaço para me mover, me soltar e simplesmente *ser*.

O PARADOXO DO EXERCÍCIO (OU O EXERCÍCIO NO MUNDO MODERNO)

Todos nós sabemos que o exercício é bom para nós. Faça login nas mídias sociais, abra seu site de notícias favorito ou navegue pelo que resta da prateleira de revistas no caixa do supermercado e você verá uma infinidade de artigos sobre as melhores maneiras de adotar o condicionamento físico, perder peso e otimizar sua saúde.

Há também muitas opções disponíveis para ajudá-lo a atingir a quantidade diária recomendada de exercícios por semana. Você pode girar, levantar pesos ou remar. Pode treinar para uma maratona ou triatlo. Você pode fortalecer seu núcleo com pilates ou buscar seu Zen com yoga ou um pouco de *tai chi*. E não se esqueça da grande variedade de opções – bem como das ofertas híbridas – que suportam atividades de escalada, esqui, boxe, natação, dança, caiaque, caminhada, corrida, equitação, salto, patinação e caminhada. Atualmente, as possibilidades de exercícios são aparentemente infinitas.

Décadas após a revolução da aeróbica nos anos 1980 – que foi mais ou menos a época em que o tio Bob projetou sua academia no porão – o setor de *fitness* se transformou em um gigante glutão, com lucros de mais de 100 bilhões de dólares por ano. Em todo o mundo, as pessoas estão gastando uma boa parte de sua renda disponível em máquinas, pesos, associações, treinadores, suplementos e aulas. No entanto, com todo esse dinheiro – sem mencionar o tempo e o esforço individual e coletivo – gasto em exercícios, somos muito menos ativos e fisicamente aptos do que nossos pais e avós eram. Vou repetir: somos muito menos ativos e fisicamente aptos do que nossos pais e avós eram. Apesar da infinidade de opções de exercícios disponíveis para nós, não estamos vendo os benefícios que esperamos ver.

Também adotamos um tom estranho quando falamos sobre exercícios. Fazemos o possível para dizer a nós mesmos que o exercício deve doer. Sua academia local ou local de exercícios provavelmente tem uma camiseta com slogans como "sem dor, sem ganho" ou "dor é apenas fraqueza deixando o corpo". O Instagram e outras plataformas de mídia social estão cheias de chavões sobre dor. Os influenciadores do *fitness*, entre uma tentativa de vender algum tipo de produto, fazem questão de dizer repetidamente que a dor que você sente hoje é a força que sentirá amanhã. Para usar sua dor como combustível para continuar. O que começou como conversa de sala de musculação agora se tornou parte integrante de quase todas as regras de exercícios. Para ser mais saudável, você deve não apenas aceitar a dor, mas também

Seja bem-vindo. Faça mais. Faça com mais força. Faça doer. Sejamos realistas: se usássemos esse tipo de discurso para descrever qualquer outro tipo de relacionamento, provavelmente o consideraríamos um pedido de ajuda bastante alto.

As recomendações oficiais para exercícios cardiovasculares são bastante diretas. Os Centros de Controle e Prevenção de Doenças recomendam 150 minutos de atividade aeróbica por semana, afirmando sem rodeios: "Estima-se que as pessoas que são fisicamente ativas por aproximadamente 150 minutos por semana têm um risco trinta e três por cento menor de mortalidade por todas as causas do que aquelas que não são fisicamente ativas." Outras diretrizes afirmam que os adultos devem "se movimentar mais e sentar menos" durante o dia. Mas nenhuma das orientações oficiais sobre exercícios discute *o que* devemos fazer ou em que *intensidade*. Isso significa que muitas pessoas acham que as atividades de que gostam não atendem aos critérios. O resultado final? Acabamos fazendo mais exercícios de que realmente não gostamos, por mais tempo – e ainda nos sentimos culpados por isso.

Esse é o condicionamento físico no mundo moderno. É de se admirar que muitos de nós sintam um medo subjacente quando chega a hora de se exercitar. Estamos bem no meio de um paradoxo do exercício. Supõe-se que devemos nos machucar para nos curar. E mesmo assim, de alguma forma, não estamos fazendo *o suficiente*.

Em algum momento, nossa visão sobre o movimento, nossa relação com o exercício e nossos hábitos diários ficaram profundamente distorcidos. Isso está afetando nosso cérebro e, consequentemente, nossa capacidade de alcançar o condicionamento físico mental.

EVOLUÍDOS PARA SE MOVIMENTAR

Provavelmente não é surpresa que nossos ancestrais se movimentavam mais do que nós. Eles precisavam fazer isso: era uma questão de sobrevivência. A necessidade de coletar alimentos, escapar de predadores e prosperar em uma variedade de ambientes diferentes moldou a forma como nossos corpos e cérebros evoluíram. Facilitar a capacidade de obter o suficiente para comer, proteger a nós mesmos e nossas famílias e é claro, propagar a espécie moldou fundamentalmente nossa fisiologia humana.

Em média, um caçador-coletor comum percorria cerca de sete milhas por dia. Isso era o necessário para conseguir uma subsistência escassa. Se as pessoas não se moviam, não comiam. Compare isso com a quilometragem de hoje. O americano médio tem dificuldade para dar quatro mil passos (o equivalente a cerca de três quilômetros) do nascer ao pôr do sol. Nossos bisavós e avós não registravam seus passos diários da mesma forma que nós, mas eles também eram muito mais ativos do que a nossa geração. As ocupações na agricultura, no trabalho especializado e na indústria exigiam isso.

Atualmente, somos muito mais sedentários. De acordo com o National Institutes of Health (Instituto Nacional de Saúde), quase 80% dos empregos modernos nos Estados Unidos envolvem atividades predominantemente sedentárias – e isso está gerando uma inatividade colossal. Você já deve estar pensando: "Já li alguns artigos sobre isso. Meu médico continua mencionando exercícios em meu exame físico anual. Minha caixa de correio está cheia de ofertas de academias. Eu entendo. O exercício é bom. Podemos seguir em frente, por favor?"

Você está certo de que não há falta de divulgação e discurso público sobre a necessidade de aumentar a atividade física e os exercícios. No entanto, a grande maioria se concentra apenas na relação do exercício com a saúde geral do corpo – como ele afeta o coração, os pulmões e a composição muscular. Há todos os tipos de estudos que mostram que um regime regular de exercícios está ligado a um risco reduzido de doenças que variam de diabetes tipo 2 a câncer. No entanto, apesar desses estudos, a maior parte da conversa se resume à influência do exercício sobre o percentual de gordura corporal. Há uma mensagem subliminar de que não importa necessariamente se você é saudável, desde que seja magro. Isso é uma pena.

Além de toda a dicotomia saúde/emagrecimento, no entanto, também perdemos outro elemento crucial quando discutimos a importância do exercício. Passamos tanto tempo discutindo o que o exercício pode fazer pelo coração e pela cintura, que negligenciamos o órgão que mais pode se beneficiar: o cérebro.

É isso mesmo. Seu cérebro foi feito para o movimento. O cérebro humano tem uma enorme quantidade de espaço dedicado à função e ao controle motor. E por uma boa razão: isso ajudou nossos ancestrais caçadores-coletores não apenas a sobreviver, mas a prosperar em um ambiente em constante mudança. Nosso cérebro aprende com o movimento. Nosso cérebro responde ao movimento. Nossos cérebros anseiam por ele. E é por isso que introduzir até mesmo pequenas quantidades de exercício em nossa vida diária pode ter efeitos cruciais e monumentais em nosso bem-estar mental.

COLOCANDO SEU CÉREBRO EM MODO DE CRESCIMENTO

Vamos dar uma olhada rápida no que acontece no cérebro quando você pratica exercícios aeróbicos moderados. Pode ser um passeio de bicicleta de 30 minutos, um jogo de basquete ou uma caminhada no bosque. O próprio ato de se movimentar altera sua fisiologia de várias maneiras.

Aumento do fluxo sanguíneo

À medida que você aumenta seu esforço, sua frequência cardíaca também aumenta. Essa frequência cardíaca elevada tem um propósito. Ela ajuda a mover o sangue e, portanto, o oxigênio, para os músculos, para que eles possam continuar. Embora o cérebro não seja um músculo (embora muitas vezes seja referido como tal), esse sangue extra oxigenado também é benéfico.

É importante entender que o cérebro consome um pouco de energia. Como nosso sistema cardiovascular trabalha para movimentar o sangue pelo corpo, o cérebro consome cerca de 20% a 25% do oxigênio e do combustível que o sangue transporta. Considerando que o cérebro médio tem apenas cerca de um quilo e meio – cerca de 2% do tamanho do corpo – isso parece, a princípio, um arranjo bastante injusto. Mas nosso cérebro precisa do máximo de oxigênio possível para que os neurônios possam trabalhar da melhor forma possível. Essa é a primeira maneira pela qual o movimento ajuda nosso cérebro.

Neurogênese

Rusty Gage, PhD, tem estudado a plasticidade cerebral desde que iniciou sua carreira em neurociência, há mais de quatro décadas. Como professor do Instituto Salk, ele está interessado em maneiras de prevenir a neurodegeneração – e usa modelos animais para verificar se diferentes atividades podem ajudar a manter o cérebro forte e saudável, mesmo quando os homens envelhecem.

Na virada do século XXI, Gage descobriu que os camundongos que viviam em ambientes enriquecidos – como espaço para passear, brinquedos para brincar, tubos para se esconder e rodas para correr – não só aprendiam melhor do que os animais alojados em gaiolas velhas e desequipadas, como também seus cérebros eram fundamentalmente diferentes. Uma área do cérebro chamada giro dentado, que é adjacente ao centro de memória do cérebro, o hipocampo, era 15% maior. O giro denteado desempenha um papel vital no aprendizado, transferindo informações para o hipocampo para que possam ser armazenadas na memória. A observação desse aumento significativo de volume em camundongos adultos despertou a curiosidade de Gage. Que aspecto do enriquecimento poderia ser responsável por esse tipo de crescimento neuronal? Ele e seus colegas tentaram descobrir separando as diferentes atividades. Depois de uma série de estudos meticulosos, Gage e sua equipe descobriram que os animais que tinham acesso livre a rodas de corrida tiveram o maior crescimento cerebral. A atividade aumentou a proliferação de neurônios no giro denteado. Eles também observaram que esses animais eram melhores no aprendizado de tarefas simples – e tinham uma potenciação de longo prazo aprimorada, ou seja, o fortalecimento persistente das sinapses que sustenta a memória.

O trabalho de Gage foi apenas o começo. E há cerca de vinte anos, neurocientistas de todo o mundo têm estudado como o movimento afeta o cérebro. Eles aprenderam que a atividade física facilita o crescimento de novos neurônios e permite que o cérebro forme e fortaleça os circuitos neurais. E, embora os estudos de Gage tenham sugerido inicialmente que a corrida era o ato que colocava o cérebro em modo de crescimento, a verdade é que estudos posteriores mostraram que mesmo apenas um pouco de movimento ajuda muito a aumentar o crescimento celular e o volume cerebral.

Endorfinas, neurotransmissores e fatores de crescimento

Também contribuem para o modo de crescimento do cérebro importantes neuromoduladores, ou moléculas que ajudam a mudar a maneira como nossos neurônios crescer e se comunicar uns com os outros. O exercício facilita a liberação de endorfinas. Esses são hormônios especiais que podem ativar os receptores de opiáceos do corpo. Embora não ofereçam exatamente o mesmo efeito da heroína, a liberação de endorfinas relacionadas ao movimento tem sido associada à melhora do humor e à diminuição da percepção da dor.

O exercício também está associado à liberação de potentes neurotransmissores, ou mensageiros eletroquímicos que transportam mensagens entre as células cerebrais. Essas comunicações são a base de cada pensamento, cada sentimento e cada momento. Estudos demonstraram que a atividade física moderada pode aumentar a serotonina circulante, a molécula envolvida na modulação do humor e da cognição, bem como a norepinefrina, a substância química associada ao aprendizado e ao foco. Esses níveis elevados de neurotransmissores ajudam o cérebro a processar informações com mais eficiência. Eles também melhoram seu humor. (É provável que você já esteja familiarizado com a serotonina – é o neurotransmissor que os medicamentos populares contra a depressão, os inibidores seletivos da recaptação da serotonina, utilizam).

Por fim, pesquisas demonstraram que o exercício pode aumentar significativamente os fatores de crescimento do cérebro, como o fator neurotrófico derivado do cérebro (BDNF). Ele é frequentemente chamado de fertilizante cerebral, e por um bom motivo. Essa molécula está diretamente ligada ao crescimento do cérebro e explica por que Gage viu os efeitos que viu em seus camundongos corredores.

Sinalização de mioquinas

Como os cientistas adquiriram as ferramentas para analisar mais profundamente *como* o movimento do corpo pode levar à liberação de todas essas moléculas diferentes no cérebro, eles descobriram um meio exclusivo de sinalização do músculo para o cérebro. Toda vez que você contrai os músculos, eles liberam moléculas especiais chamadas mioquinas. As mioquinas são citocinas, ou pequenas proteínas que ajudam a controlar a inflamação no corpo. Esses vilões não só ajudam a proteger os músculos da degeneração à medida que você envelhece, mas também conversam com outros órgãos, como o cérebro, para aumentar o BDNF e, consequentemente, melhorar a cognição.

CONTABILIZANDO OS BENEFÍCIOS

Quando você junta todos esses estudos fascinantes, fica claro que o exercício dá início a uma ampla gama de eventos moleculares que ajudam a manter o cérebro em ótima forma, promovendo a aptidão mental. Estudos demonstraram, repetidamente, que uma rotina regular de exercícios é uma opção viável de tratamento para depressão, estresse crônico e ansiedade. Em um estudo clínico de referência, James Blumenthal, PhD, pesquisador da Duke University, comparou exercícios regulares com sertralina, um medicamento antidepressivo comumente prescrito, em pacientes diagnosticados com transtorno depressivo maior. Ele e seus colegas descobriram, para sua surpresa, que os pacientes designados para a condição de exercício melhoraram tanto quanto aqueles que receberam o medicamento. Quando os pesquisadores fizeram o acompanhamento um ano depois, os participantes do estudo que continuaram a se exercitar regularmente tinham uma probabilidade muito maior de obter a remissão dos sintomas depressivos.

Anos depois, quando Blumenthal expandiu o estudo, descobriu resultados semelhantes em adultos deprimidos que também apresentavam sintomas de ansiedade. O exercício aliviou esses sintomas nos participantes do estudo, o que o levou a sugerir que o exercício deveria aumentar e, às vezes, substituir a farmacoterapia no tratamento desses dois problemas de saúde mental.

Vemos por que, do ponto de vista biológico, a atividade física pode literalmente abrir as vias e conexões neurais ligadas à redução do estresse e à melhora do humor. Isso é feito por meio da liberação de moléculas neuromoduladoras importantes, como endorfinas, neurotransmissores, fatores de crescimento e mioquinas. Mas também foi demonstrado que os exercícios proporcionam poderosos benefícios psicológicos para aqueles que se exercitam regularmente. Em um estudo de 2022, os pesquisadores examinaram como o desenvolvimento de uma rotina regular de exercícios resultou em um maior senso de autoeficácia e autoestima dos pacientes. O ato de fazer – ou, nesse caso específico, de se movimentar – ajudou a criar uma mudança fundamental na forma como as pessoas veem sua própria capacidade de mudar suas circunstâncias e de demonstrar capacidade de ação sobre suas próprias vidas. O movimento ajudou a distrair-se de pensamentos negativos. Aumentou a autoconfiança. E melhorou a percepção das pessoas sobre sua própria autoimagem.

O exercício também pode funcionar como uma medida preventiva para sintomas de saúde mental, bem como para doenças neurodegenerativas. Uma grande meta-análise, que incluiu centenas de milhares de pessoas para entender melhor a ligação entre atividade e depressão, descobriu que movimentar o corpo pode ajudar a manter o humor. Os autores simplesmente concluíram: "Cada vez mais evidências mostram que a atividade física está associada à redução do risco de depressão, apontando para um alvo potencialmente modificável para a prevenção." Carl Cotman, PhD, neurocientista do Instituto de Envelhecimento Cerebral e Demência da Universidade da Califórnia em Irvine, foi um dos primeiros pesquisadores a demonstrar que o exercício aumenta o BDNF em modelos animais. Esses estudos também mostraram que o exercício estava associado à redução das placas de beta-amiloide, as proteínas pegajosas emaranhadas que, acredita-se, causam o comprometimento da memória na doença de Alzheimer. Mas o que pode ser ainda mais fascinante no trabalho de Cotman é que ele mostrou que esses efeitos benéficos duram uma semana além de um único treino. O exercício que você faz hoje ainda pode proporcionar efeitos de estímulo ao cérebro amanhã e até uma semana depois. Outros estudos demonstraram efeitos semelhantes no que diz respeito à demência e à doença de Parkinson.

Embora estejamos apenas no início da compreensão das muitas maneiras como o exercício pode beneficiar o cérebro, está claro que o movimento faz bem ao corpo. O exercício ajuda o cérebro a crescer, mudar e se adaptar. E o mais importante é que não é preciso fazer uma maratona ou uma corrida de um século para colher os benefícios.

TUDO BEM, MAS QUANTO É SUFICIENTE?

Essa é a pergunta de um milhão de dólares. E desde que Rusty Gage notou que o volume do cérebro aumenta em camundongos que correm, os cientistas têm procurado quantificar a dosagem certa de exercício para obter o máximo de benefícios para o cérebro. Embora o CDC recomende 150 minutos de exercícios aeróbicos por semana, essa não é exatamente uma recomendação específica. Cento e cinquenta minutos de que tipo de atividade? Em que intensidade? Tenho mais do que alguns pacientes que me dizem que começarão a se exercitar quando eu puder lhes dar uma receita exata do que mais ajudará seus cérebros.

Certamente, nas últimas décadas, médicos e fisiologistas esportivos procuraram a receita ideal de exercícios. Mas eles não conseguiram encontrar uma. Estudos que analisam a corrida, a caminhada, o treinamento de força, a yoga e praticamente qualquer outro exercício que você possa imaginar mostram algum benefício. Em 2018, pesquisadores da Harvard Medical School realizaram uma revisão sistemática de quase cem estudos independentes na esperança de encontrar a dose adequada de exercício. Após uma análise cuidadosa, eles concluíram que pelo menos cinquenta e duas horas em um período de vinte e cinco semanas – ou seja, cerca de duas horas por semana – parecia ser a linha de base para melhorar o desempenho cognitivo em adultos mais velhos. Mas eles também acrescentaram que "não encontraram relações entre melhorias cognitivas e tempo de sessão, frequência de exercícios, intensidade e minutos semanais". Uma meta-análise mais recente encontrou reduções moderadas nos sintomas depressivos em exercícios que variam de corrida a *tai chi*, com efeitos proporcionais à intensidade do exercício.

Essa é uma boa notícia. Porque isso significa que sua milhagem vai – e deve variar. Para curar o cérebro moderno, você não precisa manter seu coração na zona máxima por dez minutos de cada vez. Não é preciso fazer uma aula de uma hora quando sua agenda só pode acomodar vinte minutos. Você não precisa aceitar a dor. E você nunca precisará passar tempo fazendo uma atividade física que odeia. Você pode fazer o que gosta e aumentar a intensidade à medida que avança.

Outro estudo, realizado na Austrália, sugere que a dança estruturada pode ser sua melhor aposta para curar o cérebro moderno. Nessa revisão sistemática, os pesquisadores analisaram tudo, desde balé até intervenções de dança em linha para melhorar a saúde física e psicológica. Eles descobriram que as pessoas que praticam dança apresentam pontuações mais altas pontuações mais altas em medidas de resultados psicológicos e cognitivos, incluindo métricas que analisam a depressão, a motivação e a memória. Eles argumentam que a dança pode ter uma vantagem sobre outros exercícios pelo fato de geralmente ter um forte elemento social e porque o aprendizado da coreografia desafia tanto a mente quanto o corpo.

Mas isso não significa que você precise sair e comprar imediatamente sapatilhas de sapateado. Todos nós temos corpos diferentes, com experiências e necessidades diferentes. Não haverá uma resposta única para todos quando se trata da melhor forma de exercício físico. E não deveria haver. Todos nós deveríamos encontrar atividades físicas que trabalhem a nosso favor e não contra nós. Deveríamos encontrar maneiras de movimentar nosso corpo com amor e alegria. Ao ler essas palavras, é possível que você ainda esteja se perguntando: "Ok, mas o que devo fazer?" Eu responderia com uma pergunta mais importante: "O que você *gostaria* de fazer?".

REDEFININDO NOSSA RELAÇÃO COM O MOVIMENTO

Quando Ramona, uma executiva de meia-idade, começou a me procurar, ela estava bastante infeliz com sua vida. Era solteira e estava insatisfeita com seu emprego, mas sentia que não podia tomar nenhuma atitude para mudar sua vida para melhor. Ela estava, por falta de uma palavra melhor, presa. Todos os dias, ela ia para o escritório e cumpria suas oito horas de trabalho. Depois, ia para casa e sentava-se em frente à televisão até cair no sono, geralmente no sofá.

"Você já pensou em procurar um novo emprego?" perguntei. "Qual é o objetivo? Todos eles serão a mesma coisa. Nada mudaria para mim, exceto a parada de metrô em que eu desço", respondeu ela.

Eu a vinha incentivando a experimentar novas atividades há algum tempo – principalmente na esperança de que ela fizesse novos amigos ou até mesmo conhecesse um possível parceiro. Ela era igualmente resistente a essa ideia.

"Estou tão cansada no final do dia que não seria nada divertido", disse ela. "De qualquer forma, não consigo pensar em nada que eu realmente queira experimentar."

Alguns meses depois, durante nosso check-in mensal, ela parecia animada. Algo tinha mudado para ela, mas eu não tinha certeza do que.

"Diga-me o que está acontecendo com você", eu disse.

"Comecei a dançar novamente", disse ela.

Dançar? Nunca, em todo o tempo que passamos juntos, ela tinha mencionado dançar. Sempre que eu mencionava a possibilidade de acrescentar alguma atividade física à sua agenda, ela deixava claro que simplesmente não era "do tipo ativo".

"Eu costumava dançar tango quando era mais jovem", disse ela. "Eu realmente gostava, mas acabei perdendo o hábito. Então, no mês passado, vi um anúncio de uma noite de tango não muito longe de onde moro. Eu simplesmente aceitei."

Na próxima vez que nos falamos, ela estava saindo para dançar tango algumas noites por semana. Ela conhecia alguns novos amigos que a mantinham informada sobre os diferentes eventos de tango na cidade. Foi o momento de maior energia que já a vi.

"É muito divertido. Eu vou e acabo dançando por duas horas seguidas", disse ela. "Eu não sabia que ainda tinha isso em mim!"

"Bem, exercícios regulares podem fazer maravilhas no humor e na motivação", eu disse.

"Para mim, não parece um exercício. É apenas diversão", disse Ramona.

Lembro-me de pensar, naquele momento, que mesmo que ela tivesse seguido meu conselho de ir à academia ou começar a caminhar para aumentar sua atividade física, dançar tango lhe oferecia muito mais. Seu cérebro ainda estava se beneficiando do aumento do fluxo sanguíneo e da maior liberação de moléculas neuromoduladoras. Mas seu humor e sua perspectiva também foram reforçados pelo fato de que dançar lhe trazia muita alegria. Todos saem ganhando.

É por isso que é tão importante, quando se trata de atividade física, considerar o que você gosta de fazer. Com muita frequência, pensamos em exercícios de forma prejudicial ao nosso bem-estar. Estamos tão preocupados em atingir certas métricas – geralmente diminuir nossa cintura – que não vemos a simples alegria que pode advir do movimento do corpo. Em vez disso, o exercício se torna uma tarefa, e não algo que nos alimenta e nos envolve.

Há muitos movimentos que podem ajudar a melhorar seu condicionamento físico masculino. Você deve saber que as atividades físicas são categorizadas como exercícios de habilidade aberta ou fechada. Correr, nadar e andar de bicicleta ergométrica pertencem ao grupo de habilidades fechadas. Elas são realizadas em um ambiente previsível e estático, e os movimentos em si são repetitivos por natureza, com resultados esperados. As atividades de habilidade aberta, entretanto, são realizadas em um ambiente mais dinâmico. As coisas mudam e você precisa se adaptar e reagir. Os esportes coletivos são exercícios de habilidades abertas. Assim como a escalada, a dança e o *pickleball*. E, embora os camundongos de Gage tenham visto benefícios cerebrais com a corrida, outros estudos sugerem que as atividades de habilidade aberta podem proporcionar um estímulo ainda maior ao seu cérebro.

Isso inclui badminton. Sim, você me ouviu corretamente. Badminton. Pesquisadores da Universidade Nacional de Taiwan compararam a produção de

BDNF – lembre-se, aquele "fertilizante cerebral" de que falamos anteriormente – em estudantes que passaram 30 minutos correndo e naqueles que passaram o mesmo tempo jogando badminton. Eles descobriram que os participantes do estudo na condição de badminton produziam mais BDNF do que seus colegas que corriam. Não estou dizendo que isso significa que você deve começar a jogar badminton (afinal, todas as quadras foram tomadas pelos entusiastas do *pickleball*). O que estou dizendo é que nossas definições restritas de exercício aeróbico tradicional devem ser ampliadas. O conjunto de opções disponíveis é muito maior do que você imagina. Foi demonstrado que até mesmo o alongamento básico aumenta a serotonina e reduz a sensação de ansiedade. Todos, não importa quem você seja ou qual seja seu nível de condicionamento físico atual, podem se beneficiar da incorporação de mais movimento em suas vidas.

ABRAÇANDO O MOVIMENTO ALEGRE

Todas as manhãs, exatamente às seis e meia, o povo do Japão participa de uma experiência compartilhada de movimento. Os exercícios calistênicos pelo rádio são transmitidos para residências, empresas, escolas e parques. Essas sessões gratuitas oferecem uma rotina diária de exercícios guiados, criados para estimular o alongamento e a atividade aeróbica leve. E com mais de vinte e sete milhões de pessoas ouvindo e se movimentando, não se trata apenas de um gesto simbólico. É uma prática normal e diária no país com a maior expectativa de vida do mundo. Crianças em idade escolar, assalariados, mães, aposentados e outros, todos reservam um tempo para começar o dia com a experiência compartilhada do movimento.

Não estou dizendo que você precisa sintonizar e se juntar a eles – embora, se você estiver no mesmo fuso horário, não faria mal! O que estou dizendo é que uma grande parte da cura do cérebro moderno e de torná-lo mais resistente ao estresse é encontrar maneiras de movimentar seu corpo regularmente. Mudar sua visão, bem como seus hábitos, em relação ao movimento é uma peça fundamental para alcançar a aptidão mental.

Hoje, quando falo com meus pacientes sobre a importância da atividade física, tento deixar a temida palavra E (exercício) de fora. Aprendi que, para muitos, é melhor pensar nas recomendações diárias em termos de movimento ou até mesmo de brincadeira. Portanto, ao pensar nas recomendações diárias de atividade física e em como incorporá-las à sua vida, recomendo escolher atividades com base em suas próprias preferências, gostos, aversões e circunstâncias. Esqueça uma prescrição específica. Faça o que funciona para você.

É hora de adotar uma nova mentalidade em relação ao movimento. À medida que trabalhamos para alcançar a aptidão mental, precisamos pensar além do "exercício" e nos certificar de que estamos recebendo o que precisamos das atividades físicas que escolhemos incluir em nossas vidas. Quando você tiver prazer em se movimentar, encontrará tempo, como Ramona, para fazê-lo regularmente. Ao criar esses novos hábitos de atividade, você verá rapidamente que está fornecendo ao seu cérebro o que ele precisa para se manter saudável, resiliente e mentalmente apto. Isso é, em última análise, o que levará a uma maior satisfação com a vida, maior clareza mental e um humor positivo.

CAPÍTULO 6

Sono

Noah sempre foi uma pessoa esforçada. Ele me procurou depois de ter sofrido alguns pequenos ataques de pânico na faculdade. Desde a formatura, ele vinha controlando sua ansiedade e, segundo todos os relatos, estava prosperando. Ele tinha assumido um cargo de analista em uma grande empresa de serviços financeiros e estava se destacando. Ele é exatamente o tipo de pessoa que essas empresas de ponta adoram: inteligente, simpático, trabalhador e ansioso para agradar. Em poucos meses em seu novo emprego, ele foi rapidamente promovido. Em seguida, foi convidado a supervisionar a pequena, mas importante, fusão de duas empresas suíças. Foi aí que as coisas começaram a desandar.

Graças à diferença de horário de seis horas entre a cidade de Nova York e Genebra, em apenas algumas semanas Noah começou a ter sérias interrupções em seu sono. Todas as noites, a partir das 2h da manhã, começavam a chegar as chamadas de trabalho e os e-mails de seus colegas europeus. E, dada a ética de trabalho de Noah e seu desejo de brilhar em sua nova função, ele sentia que não podia esperar para lidar com essas comunicações até o início de seu próprio dia de trabalho. Em vez disso, ele se levantava da cama e respondia imediatamente. Quando terminava de lidar com o fluxo de mensagens, já era hora de se levantar e ir para o escritório.

Em poucas semanas, o humor de Noah sofreu uma séria queda. Ele estava exausto o tempo todo. Um ávido corredor e frequentador de academia, ele começou a faltar aos treinos para tentar acompanhar o trabalho. Mas seu estado mental também mudou. Ele começou a se sentir ansioso com os e-mails que recebia de seus colegas. Sentiu que eles não estavam sendo totalmente francos sobre informações importantes que afetariam a fusão. Ele se sentiu compelido a começar a verificar novamente e até a refazer o trabalho dos outros. Começou a fumar novamente depois de ter parado de fumar vários anos antes, e seu consumo de álcool também aumentou muito. Além disso, começou a sentir certa paranoia, acreditando que alguns de seus colegas de trabalho poderiam até estar tentando tirá-lo do acordo com a Suíça. Em seguida, seus ataques de pânico voltaram.

Como alguém que se reunia com Noah toda semana, fiquei chocado ao ver a rapidez com que ele tinha se deteriorado em um período tão curto de tempo. As ferramentas que usávamos para ajudá-lo a lidar com a ansiedade não estavam mais funcionando para ele. Percebendo que algo mais estava acontecendo com ele, perguntei-lhe como estava dormindo.

"Ah, estou conseguindo dormir umas duas horas por noite", ele me disse. "É difícil dormir sem tomar alguns drinques. E quando durmo, só consigo dormir por uma hora, talvez duas. Parece que não consigo desligar meu cérebro o suficiente para dormir mais do que isso."

Sua resposta me deixou alarmado. Percebi rapidamente que, se não conseguíssemos encontrar uma maneira de ajudar Noah a dormir um pouco, ele continuaria a se inclinar até o ponto em que provavelmente precisaria ser hospitalizado. Quando não se dorme o suficiente por um longo período, inicia-se um ciclo vicioso. Sem o poder restaurador do descanso, a ansiedade e a paranoia de Noah continuariam a crescer. Sua depressão se aprofundaria e, por fim, levaria a problemas de raciocínio e processamento. Esses problemas se proliferariam, levando a uma crise psiquiátrica. Já vi isso mais vezes do que gostaria de dizer.

Embora Noah acreditasse que estava apenas fazendo o que era necessário para se destacar no trabalho, a verdade é que ele estava causando danos duradouros a si mesmo. Por muito tempo, cientistas e profissionais da área médica não entenderam o verdadeiro propósito do sono. Tínhamos uma ideia de que ele era importante, mas não compreendiam o quanto ele era fundamental para nossa saúde e bem-estar geral. Hoje entendemos que o sono nos oferece mais do que um simples descanso. Ele desempenha um papel fundamental na manutenção diária de nossa saúde física e mental.

E, embora o mundo muitas vezes nos peça para renunciar a uma boa noite de sono para dar conta do trabalho, da escola ou da família, vamos encarar os fatos: a capacidade de pular o sono para conseguir algo é frequentemente usada como um distintivo de honra. Desprivilegiar o sono saudável é uma das piores coisas que podemos fazer para nossa saúde mental ao tentarmos lidar com as demandas avassaladoras da vida moderna.

SEU CÉREBRO DURANTE O SONO

Em 1959, Peter Tripp, a principal personalidade do rádio de Nova York, teve uma ideia interessante. Para ajudar a arrecadar dinheiro para a March of Dimes

– e, é claro, para conseguir alguma publicidade para si mesmo – ele anunciou sua intenção de quebrar um recorde mundial ficando acordado por oito dias seguidos, ou seja, duzentas horas. Para dar um pouco mais de força à façanha, ele disse que transmitiria seu programa de rádio de sua cabine na Times Square durante todo o tempo. Os ouvintes foram incentivados não apenas a ouvir, mas a doar dinheiro para a instituição de caridade com base no tempo que ele conseguisse ficar acordado.

Devido aos riscos envolvidos em tal empreendimento, a estação de rádio de Tripp contratou pesquisadores locais do sono para monitorá-lo durante seus oito dias de trabalho. Eles estavam lá não apenas para garantir que ele não corresse perigo físico (cutucando-o quando necessário e fornecendo estimulantes para ajudá-lo a permanecer acordado), mas também para testar suas habilidades cognitivas durante o tempo prometido. Tripp começou o experimento de bom humor, mas com o passar das horas e dos dias, os pesquisadores notaram que o popular DJ estava apresentando graves sintomas físicos e mentais. De alguma forma, ele conseguiu manter seu programa no ar durante os oito dias. No entanto, quando ele estava fora do ar, os pesquisadores observaram que o humor de Tripp mudou drasticamente. Ele estava incrivelmente irritado e conciso. Cerca de cem horas depois, a capacidade de Tripp para falar e sua memória – ambas habilidades que o ajudaram a se tornar o sucesso radiofônico que era – começaram a lhe falhar. Vinte horas depois, ele relatou alucinações à medida que sua ligação com a realidade se tornava cada vez mais tênue, e ele até começou a acreditar que os pesquisadores estavam tentando incriminá-lo por um crime.

Tripp conseguiu atingir seu objetivo principalmente graças à ajuda de alguns estimulantes poderosos naquelas últimas horas. Mas a experiência não foi sem consequências. Após vinte e quatro horas de descanso, os especialistas disseram ao mundo que Tripp não tinha sofrido nenhum dano duradouro em seus oito dias de vigília. Infelizmente, amigos e familiares relataram que ele nunca mais foi o mesmo. Ele sofreu alterações de humor, ansiedade e esquecimento pelo resto de sua vida.

Se você já passou uma ou duas noites sem dormir, provavelmente está familiarizado com os primeiros sintomas da privação de sono. Mesmo quando o sono é interrompido, graças a um bebê com cólica ou a um vizinho barulhento, nossa função cognitiva sofre no dia seguinte. Ficamos cansados e temos dificuldade para nos concentrar. Não é fácil aprender ou reter novas informações. Encontrar palavras – ou lembrar de todos os itens de nossa lista de tarefas – pode ser uma tarefa árdua. E nossos níveis de humor e motivação são prejudicados.

É de se admirar que o sono e a saúde mental estejam intimamente ligados? Não é por acaso que você encontrará problemas crônicos de sono listados como um sintoma da grande maioria dos transtornos de saúde mental diagnosticáveis.

Isso é particularmente prevalente em pacientes com ansiedade, depressão, transtorno bipolar e transtorno de déficit de atenção e hiperatividade.

A história de Tripp é um caso extremo, mas a realidade é que a maioria de nós não dá ao sono a atenção que ele merece. Infelizmente, milhões de pessoas sofrem todos os dias com um sono insuficiente ou de má qualidade. Todas elas certamente sofrem algum grau de impacto em sua saúde mental e cerebral. Noé, por exemplo, estava sofrendo muito graças à sua própria falta de sono.

Ao ler este texto e refletir sobre suas próprias experiências com sono de má qualidade, você pode se perguntar *por que* o sono tem tanto impacto. A verdade é que, durante décadas, os cientistas também não tinham certeza absoluta. Eles sabiam que o sono é necessário para todas as pessoas. A maioria das espécies experimenta esse tipo de mudança profunda na consciência de forma cíclica – até mesmo os insetos. Mas, por muito tempo, não entendemos o que é o sono, o que ele faz, como ele afeta nosso cérebro ou até mesmo o que constitui um "bom" sono. Felizmente, a nova ciência do sono continua a abrir nossos olhos para o propósito do sono e por que a privação do sono pode causar tanto estrago em nossos pensamentos, sentimentos e comportamentos. Atualmente, os estudos concordam que dormir oito horas de sono de qualidade pode ajudar a regular o humor, facilitar a memória e o aprendizado e permitir que o cérebro faça alguns trabalhos internos de limpeza. Mas antes de nos aprofundarmos nesse assunto, é importante entender os conceitos básicos de como o sono afeta nossos corpos e cérebros.

SONO: O BÁSICO

O que acontece quando você adormece todas as noites? Seu corpo passa por uma transformação notável. Sua respiração fica mais lenta. Sua temperatura, frequência cardíaca e pressão arterial caem. Seus músculos relaxam. Seu metabolismo passa por mudanças profundas. Você perde a consciência e seus sentidos são inibidos. Quando você entra em estado de sono, fica, essencialmente, desacoplado do mundo externo e agitado.

Quase todos os órgãos do corpo são afetados de uma forma ou de outra, inclusive o cérebro. A atividade do seu cérebro muda, desacelerando em ondas lentas e coordenadas. Costumamos falar sobre o sono como um momento de descanso, mas agora entendemos que o cérebro não está desligado e reiniciando as coisas. Em vez disso, ele está trabalhando arduamente, ajudando-nos a consolidar e armazenar as informações importantes que aprendemos durante o dia sem as distrações de novas entradas sensoriais. Sete a nove horas de sono por noite (um pouco mais para os adolescentes) proporcionam restauração, rejuvenescimento e boa saúde.

É importante entender que o sono não é uma entidade única e monolítica. Em vez disso, é um processo que contém estágios distintos, cada um com suas próprias funções. Passamos por esses diferentes estágios durante a noite, repetidamente, para obter o máximo de benefícios de nosso sono.

Há dois tipos principais de sono: o sono de movimento rápido dos olhos (REM) e o sono não REM (NREM). O sono REM ganhou esse nome devido ao que as pessoas de fora podem observar: seus olhos começam a se mover e a se movimentar em diferentes direções durante esse tipo de sono. Nesse estágio, a frequência cardíaca e a respiração aumentam e você começa a sonhar. O cérebro também fica mais ativo durante o sono REM, mostrando uma atividade muito mais semelhante à que ocorre em uma mente desperta.

No sono NREM, entretanto, os olhos não apresentam esses movimentos oculares distintos. Muitos chamam esse tipo de sono "profundo" ou de "ondas lentas". Isso ocorre porque a atividade cerebral é atenuada durante os dois últimos estágios do NREM. E, como os pesquisadores descobriram recentemente, essas ondas lentas são parte do que é necessário para o cérebro se manter limpo e saudável.

Mas voltando aos estágios. Depois que você adormece, o primeiro ciclo que você experimenta é o sono NREM. É quando você está apenas começando a adormecer, oscilando entre a consciência sonolenta e o completo apagar das luzes. Você pode pensar nesse primeiro estágio como a maneira de o corpo desligar o cérebro para levá-lo a um estado profundo e repousante. O próximo estágio, também chamado de sono NREM, é conhecido como sono leve. Aqui, a frequência cardíaca e a respiração começam a diminuir. É nesse estágio que você perde a consciência, mas ainda seria muito fácil ser acordado por um barulho alto ou por um parceiro que roubasse suas cobertas. Os dois últimos estágios do sono NREM são o sono profundo ou de ondas lentas que acabei de mencionar. A atividade cerebral assume um ritmo distinto, semelhante a uma onda lenta, e é muito mais difícil acordá-lo ao passar por esse tipo de sono. Graças aos recentes avanços na neurociência, agora entendemos que esse ritmo especial permite que o cérebro armazene e reorganize novas informações, além de realizar um importante trabalho de limpeza. Falaremos mais sobre isso daqui a pouco.

Depois de passar pelos quatro estágios do sono NREM, você terá um ciclo de REM. Embora seus olhos possam estar se movendo rapidamente, o resto do seu corpo não está se movendo. Seus músculos estão inativos – você está, para todos os efeitos, paralisado. Sei que isso pode parecer um pouco assustador, mas a alternativa é ainda mais assustadora. A atividade motora de seu corpo deve ser pausada durante o sono REM. Isso não só permite que seu corpo descanse e faça alguns reparos, mas também impede que você aja de acordo com seus sonhos, que ocorrem durante o ciclo REM. Há uma condição médica chamada *distúrbio comportamental do sono REM* (RBD), que pode ser causada por degeneração cerebral e alguns medicamentos, que não torna seu sistema motor inativo. Isso pode levar ao sonambulismo ou a outros problemas. O comediante Mike Birbiglia, que foi diagnosticado com RBD, contou em uma de suas apresentações de *stand-up* como ele se jogou pela janela fechada do segundo andar de um hotel durante um sonho particularmente ameaçador. É uma parte engraçada, mas também bastante aterrorizante. Ela demonstra o perigo de seu corpo poder se mover enquanto você vivencia seus sonhos. Você não quer literalmente começar a correr, sem consciência do mundo exterior, quando sonha que está sendo perseguido por algum monstro estranho ou começar a socar algum inimigo imaginário quando está deitado na cama ao lado de seu cônjuge ou filhos.

Em uma única noite, mais de oito horas de sono ininterrupto, você pode esperar passar pelos quatro estágios do sono NREM, seguido pelo sono REM, de quatro a cinco vezes. A cada ciclo sucessivo, você passará menos tempo nos dois últimos estágios NREM do sono profundo.

Você deve estar se perguntando por que o levei a todos esses estágios. É porque o sono não é apenas uma coisa. Há muita coisa acontecendo no cérebro e no corpo durante o ciclo do sono. E como passamos quase um terço de nossa vida dormindo e os efeitos negativos que a privação do sono tem em quase todos os sistemas corporais, é importante entender isso. Cada um desses estágios fisiológicos distintos desempenha um papel significativo na saúde física e mental. De certa forma, o sono, assim como o cérebro, é uma das últimas fronteiras da medicina humana. Ainda não sabemos tudo o que o sono faz nessas diferentes fases, mas graças aos recentes avanços em nosso entendimento. Em um estudo sobre a função do sono, vemos agora que esses estágios bem coreografados do sono desempenham um papel fundamental na promoção da plasticidade cerebral, na redução do excesso de inflamação e na regulação da função imunológica. E todos os três são vitais para manter a saúde geral do cérebro.

SONO E NEUROPLASTICIDADE

Você já conversou com um amigo e não conseguiu lembrar o nome de uma música ou de um filme, mas no dia seguinte acordou com o título na cabeça? Esse é um fenômeno bastante comum. E essa lembrança aparentemente aleatória se deve ao fato de que uma das funções do sono é nos ajudar a aprender e lembrar.

Você já me ouviu falar sobre a importância do modo de crescimento. Quando o cérebro obtém o que precisa, ele pode facilitar a neuroplasticidade, ou a capacidade natural de se reconectar para ajudá-lo a se adaptar melhor ao mundo ao seu redor. Quando o cérebro consegue estabelecer novas conexões sinápticas fortes, ele é otimizado para processar todas as informações sensoriais que chegam e determinar as decisões e os comportamentos apropriados para ajudá-lo a responder melhor a elas. Estar no modo de crescimento também é preventivo, produzindo importantes substâncias neuroquímicas que podem ajudar seu cérebro a se proteger contra os processos negativos que vemos ocorrer no humor e em outros transtornos mentais.

Há muito tempo os cientistas sabem que o sono afeta muito o hipocampo, mais conhecido como o centro de memória do cérebro. Em um estudo controlado sobre hábitos de sono, os pesquisadores observaram uma atividade saudável no hipocampo naqueles que receberam as oito horas recomendadas de sono de qualidade na noite anterior. Aqueles que não dormiram apresentaram leituras muito piores. As coisas não estavam funcionando como deveriam.

Essa diferença pode ser atribuída a um processo chamado *consolidação da memória*. Simplificando, é o cérebro recolocando os livros nas prateleiras, por assim dizer, para que possamos nos lembrar do que aprendemos anteriormente e acessar facilmente no cofre da memória de longo prazo do cérebro. Durante o sono de ondas lentas, nossas células cerebrais assumem um padrão único de atividade. Jan Born, pesquisador do sono da Universidade de Tübingen, na Alemanha, conseguiu demonstrar em modelos animais que esse padrão específico de atividade nos ajuda a reativar e reorganizar as coisas que aprendemos durante o dia para que possam ser consolidadas e armazenadas na memória de longo prazo.

Dezenas e dezenas de estudos psicológicos demonstraram que a maioria das espécies animais, inclusive os seres humanos, se saem melhor em tarefas de memória após uma boa noite de sono. Não importa se você está estudando para a prova final de química orgânica, aprendendo alguns passos de dança ou tentando se lembrar das palavras de um novo idioma – você se lembrará melhor se for testado sobre as informações depois de passar pelo sono de ondas lentas.

Algo mais está acontecendo no cérebro enquanto dormimos: ele prioriza o que lembramos. Considere todas as informações que seus sentidos captam durante o dia. Não há necessidade de se lembrar de todas elas e, francamente, de uma simples perspectiva de custo-benefício, não faz sentido que você faça isso. Seria um aprendizado excessivo e, com o tempo, o cérebro não conseguiria gerenciar todas essas informações excessivas e desnecessárias.

Para encontrar o equilíbrio, o cérebro faz um balanço de todas as sinapses do cérebro durante o sono. Os pesquisadores Giulio Tononi e Chiara Cirelli, do Centro de Sono e Consciência da Universidade de Wisconsin-Madison, demonstraram que, durante o sono profundo, o cérebro passa pelo que eles chamam de *homeostase sináptica*. Ou seja, a força das conexões sinápticas, em geral, diminui enquanto descansamos. Isso permite que o cérebro remova dados desnecessários para prepará-lo melhor para o aprendizado no dia seguinte. É um processo essencial para manter o cérebro no modo de crescimento.

Provavelmente não é surpresa que, quando você não dorme, a consolidação da memória e a homeostase sináptica são afetadas. A falta de sono interfere nesses processos internos fundamentais que ajudam a manter o cérebro saudável, em forma e pronto para fazer novas conexões sinápticas.

O sono é essencial para colocar o cérebro no modo de crescimento e, como resultado, é parte integrante de uma saúde mental forte.

SONO E INFLAMAÇÃO

Vamos falar sobre inflamação – a primeira linha de defesa do sistema imunológico do seu corpo. A inflamação, em pequenas doses, é uma coisa boa. É a maneira de o sistema imunológico lidar com doenças ou lesões. As células imunológicas chegam à área danificada do corpo, limpam as células danificadas e promovem a cura. O problema é quando a inflamação se torna crônica. Infelizmente, a comunidade médica ainda não sabe muito bem por que, às vezes, o sistema imunológico não sabe quando dizer quando e continua a enviar células imunológicas para áreas previamente lesionadas com uma missão de limpeza. Se não for tratada, essa inflamação crônica pode causar danos inadvertidos a células e tecidos saudáveis. Esse é um grande problema, especialmente no cérebro, onde importantes circuitos neurais podem ser danificados. É por isso que, quando se trata de um cérebro saudável, é preciso evitar ao máximo o excesso de inflamação.

O cérebro não só consome aproximadamente 20% dos custos totais de energia do corpo – muito, muito mais do que qualquer outro órgão – como também gera uma quantidade razoável de resíduos dos nossos neurônios, pois eles facilitam o pensar, o sentir e o fazer no dia a dia. Especialistas estimam que nossas células cerebrais produzem sete gramas de resíduos todos os dias. Isso equivale a uma colher e meia de chá de lixo, composto de subprodutos da respiração celular, como dióxido de carbono, água, amônia e várias proteínas, que nossos cérebros de três quilos precisam eliminar de alguma forma. É imperativo que eles façam isso. Caso contrário, esses detritos podem interferir no funcionamento saudável. As proteínas, em particular, podem obstruir os trabalhos, dificultando o envio de sinais pelos neurônios para seus vizinhos, a fim de apoiar o processamento eficiente. Em casos extremos, esses resíduos podem levar a distúrbios neurodegenerativos. Nas doenças de Alzheimer e de Parkinson, por exemplo, proteínas como beta-amiloide e tau não são eliminadas do cérebro.

Com o tempo, elas formam placas pegajosas que levam a problemas de memória, processamento cognitivo mais lento e problemas de movimento.

Até pouco tempo atrás, os cientistas não tinham ideia de como o cérebro lidava com seus resíduos. O corpo tem uma rede sofisticada de vasos e nódulos que funcionam como um sistema de remoção de resíduos. Esse sistema é chamado de sistema linfático e utiliza a linfa, um fluido único, para transportar toxinas e outros resíduos para fora do corpo. Sem ele, nossos órgãos não conseguiriam se manter saudáveis e funcionar adequadamente. No entanto, curiosamente, até a última década, não havia nenhuma evidência fisiológica de que o cérebro ou a medula espinhal estivessem conectados a esse sistema. Considerando que o cérebro tem necessidades energéticas tão altas e produz tantos resíduos extras, muitos se perguntavam como exatamente o cérebro estava fazendo toda essa limpeza necessária. Era um grande mistério.

Maiken Nedergaard, neurocientista do Centro Médico da Universidade de Rochester, não achava que o cérebro fosse uma exceção – ele precisaria, assim como o rim ou o pulmão, de alguma forma de lidar com a remoção de resíduos. Afinal de contas, todos os órgãos do corpo precisam de uma maneira de eliminar o lixo, mesmo que a maneira do cérebro não seja imediatamente aparente. A Dra. Nedergaard e seus colegas levantaram a hipótese de que as células gliais, uma parte importante da equipe de suporte do cérebro, devem estar envolvidas. Foi só quando Nedergaard começou a monitorar os cérebros de roedores enquanto eles dormiam que ela finalmente encontrou a evidência de que precisava para provar que sua hipótese estava correta.

Os cientistas de Rochester descobriram que o sono reorganizava as células cerebrais. Sob o microscópio, as células pareciam se tornar menores, quase se encolhendo em si mesmas, para aumentar os espaços entre elas. Depois de criar esse espaço extra, os astrócitos, um tipo de célula glial em forma de estrela, movem-se pelo cérebro, criando uma rede de canais e condutos por todo o órgão, permitindo que o líquido cefalorraquidiano (LCR) flua por ele. Esse líquido cefalorraquidiano de fluxo livre limpa os detritos problemáticos, movendo-os para fora da barreira hematoencefálica e para o sistema linfático. É um pouco como lavar a calçada com mangueira para direcionar toda a sujeira para o sistema de esgoto municipal.

Esse estudo finalmente solucionou o mistério de como o cérebro lidava com suas tarefas de limpeza. Os pesquisadores o chamaram de sistema de transporte linfático dependente da glia e rapidamente o encurtaram para sistema glial-fático, uma brincadeira divertida com as palavras glial e linfático.

Esse sistema macroscópico de eliminação de resíduos permite que seu cérebro seja completamente limpo enquanto você dorme. Ele remove metabólitos residuais, proteínas e outros materiais de resíduos neurotóxicos – cujo acúmulo pode levar a uma inflamação excessiva e crônica no cérebro – e, ao mesmo tempo, distribui minerais essenciais, gorduras, aminoácidos e glicose que ajudam a manter a saúde neural.

Pense em seu cérebro como um prédio de escritórios. Todos os dias, as funções essenciais do escritório geram lixo. Escreve-se nos quadros brancos. Os papéis são movidos de um lado para outro. É somente à noite, depois que todos vão para casa, que a equipe de limpeza pode esvaziar as lixeiras, organizar os papéis e garantir que tudo seja colocado de volta em ordem para funcionar e ser produtivo. É exatamente isso que acontece com seu cérebro durante o sono.

Essa nova compreensão do sistema de eliminação de resíduos do cérebro mudou fundamentalmente a maneira como pensamos sobre o sono, sua importância e as consequências de não dormir o suficiente. O sono é um pré-requisito para que esse sistema de resíduos funcione adequadamente. Quando não dormimos, com o tempo, os resíduos extras do cérebro se acumulam, levando a um aumento e até mesmo a uma inflamação crônica. Agora que entendemos que a inflamação crônica no cérebro está associada à depressão, ansiedade, neurodegeneração e outros problemas de saúde cerebral, a importância do sono e da remoção de resíduos não pode ser subestimada. Essa é apenas uma das razões pelas quais o sono se tornou uma nova fronteira em nossa compreensão de como otimizar a saúde e a recuperação do cérebro.

O SONO E O MICROBIOMA

Você provavelmente não ficaria surpreso ao saber que a duração e a qualidade do nosso sono também afetam o funcionamento do nosso sistema imunológico. Diversos estudos demonstraram que as pessoas que dormem apenas quatro horas por noite sofrem uma redução de até setenta por cento nas células imunológicas essenciais. As razões para isso ainda são um mistério: o sistema imunológico humano é muito complexo. No entanto, muitos especialistas levantam a hipótese de que a falta de sono leva à supressão imunológica. O sistema simplesmente não tem a capacidade de criar tantas células de combate a infecções e lesões. Outros sugerem que a privação de sono, que vem acompanhada de um aumento no hormônio do estresse chamado cortisol, pode interferir na imunidade. Embora os biólogos ainda estejam tentando entender todos os detalhes de como o sono influencia nosso sistema imunológico, o resultado final é o mesmo: quando não dormimos bem, nosso sistema imunológico é prejudicado. Indivíduos com privação de sono terão mais dificuldade para combater invasores estrangeiros do que seus colegas bem descansados.

Mas a privação do sono também afeta a composição do microbioma, ou os trilhões de bactérias que vivem em nosso sistema gastrointestinal. As bactérias que vivem em nosso intestino não estão lá apenas para nos ajudar a digerir o jantar. Elas podem enviar sinais importantes para as centenas de milhões de neurônios que revestem o trato gastrointestinal, enviando uma linha direta para o cérebro. Você já se perguntou por que as pessoas com ansiedade geralmente têm problemas gastrointestinais correspondentes? À medida que o nível de estresse aumenta, aumentam também as idas ao banheiro. As pessoas que sofrem de depressão geralmente não têm fome – ou, alternativamente, estão comendo demais. Problemas intestinais e problemas de saúde mental andam de mãos dadas.

Isso ocorre porque o intestino e o cérebro estão em comunicação quase constante, por meio de um circuito importante chamado eixo intestino-cérebro. Se você pensar bem, nós, como espécie, sabemos instintivamente que os dois estão relacionados. Falamos com frequência sobre nossos "sentimentos intestinais" ou como nos sentimos "destruídos" quando algo ruim acontece. Quando estamos ansiosos, muitas vezes sentimos náuseas – ou a vibração de borboletas no estômago. Essa via de sinalização crucial entre o intestino e o cérebro oferece uma grande vantagem evolutiva. Como o cérebro consome muita energia e nossas necessidades energéticas são atendidas pelos alimentos que ingerimos, eles devem se falar. O cérebro nos informa quando precisamos de mais alimentos – ou se já comemos demais.

O intestino também é o maior órgão endócrino do corpo. Ele secreta hormônios importantes que ajudam a mediar nossa resposta imunológica. Como se estende da boca até o ânus, ele pode manter o controle de todos os órgãos do corpo, certificando-se de que tudo esteja em pleno funcionamento. Quando não está, ele pode liberar células imunológicas e moléculas pró-inflamatórias para ajudar a lidar com qualquer problema. E o microbioma, os trilhões de microrganismos que ali residem, ajudam a manter abertas as linhas de comunicação entre o intestino e o cérebro.

Em termos simples, você quer um microbioma diversificado com muitas espécies diferentes de bactérias para ajudar a manter esses canais de comunicação. Quando há falta de diversidade, essas linhas de sinalização são interrompidas. O corpo pode enviar um número excessivo de células imunológicas para o cérebro, levando a um excesso de inflamação. É por isso que, estudo após estudo, descobriu-se que a falta de diversidade no microbioma está ligada a problemas de humor, cognição e risco geral de doença mental. Estudos demonstraram até mesmo que, quando é possível aumentar essa diversidade, melhorando a composição geral das bactérias intestinais, por meio de dieta ou suplementação, é possível melhorar ou até mesmo aliviar os sintomas de depressão e ansiedade.

As pesquisas mais recentes, no entanto, mostram que os alimentos não são a única maneira de influenciar o microbioma. A falta de sono pode levar à diminuição da diversidade das bactérias intestinais. As razões para isso não são totalmente claras. Muitos especialistas levantam a hipótese de que a falta de sono, que muitas vezes leva a um aumento do cortisol, um hormônio do estresse, funciona para matar certas espécies de bactérias intestinais. No entanto, independentemente do mecanismo exato, os pesquisadores que examinaram a relação entre a falta de sono e o microbioma observaram que os problemas de sono podem fazer com que o intestino acelere a liberação de células imunológicas, o que, em última análise, leva ao aumento da neuroinflamação. Como já discutimos, isso pode aumentar o risco de comprometimento cognitivo, depressão e ansiedade. É apenas mais uma maneira pela qual o sono pode afetar nossa saúde mental.

É HORA DE PENSAR NA HIGIENE DO SONO

Considerando a relação entre o sono e a neuroplasticidade, a inflamação e o microbioma, não é de se admirar que a falta de sono tenha efeitos miríades em nossa aptidão mental. Ele desempenha um papel fundamental no arquivamento das experiências que temos durante o dia, transformando nossas memórias de curto prazo em memórias de longo prazo. O sono ajuda a colocar o cérebro no modo de crescimento, enquanto limpa os resíduos cerebrais. Ele também pode ajudar a garantir que você mantenha um microbioma diversificado e saudável.

Está na hora de uma mudança fundamental na forma como pensamos sobre o sono. Por muito tempo, romantizamos a privação do sono. Torcemos pelo estudante que fica acordado a noite toda para estudar para a prova final ou pelo funcionário de escritório que se esforça ao máximo para se preparar para aquela reunião importante com o cliente. Demos muita adulação ao grupo "Vou dormir quando estiver morto". Especialmente porque agora sabemos que essa dedicação adoradora à falta de sono está, na verdade, fomentando uma cultura de névoa cerebral, exaustão, mau humor e sintomas de saúde mental de longo prazo. É hora de mudar a conversa e falar mais sobre como melhorar o sono.

Quando eu estava me formando como psiquiatra, lembro que um dos meus mentores me disse: "A coisa mais perigosa é um homem que não está dormindo". Ele disse que quando um paciente chegava ao hospital e havia um histórico de privação de sono contínua, era preciso levar em conta imediatamente a possibilidade de ideação suicida e psicose.

"Se o seu paciente não está dormindo", disse ele a nós, jovens residentes, "você não deveria estar dormindo".

Agora que sabemos mais sobre a função do sono, suas palavras parecem ainda mais pungentes. E foi a voz dele que me veio à mente quando Noah me contou pela primeira vez sobre seus problemas de sono. Entendi rapidamente que precisávamos resolver seus problemas de sono imediatamente, antes que as coisas piorassem para ele. A grande questão: *Como?*

Historicamente, a medicina, inclusive a psiquiatria, trata os problemas de sono de forma bastante direta. Temos a tendência de lidar com isso sacando nossos comprimidos. Benzodiazepínicos. Trazodona. Zolpidem. Ramelteona. Todos esses medicamentos prescritos funcionam de maneiras diferentes e ajudam muitas pessoas a dormir e a permanecer dormindo todas as noites. Aproximadamente uma em cada cinco pessoas toma regularmente algum tipo de auxílio para dormir – e esse número aumenta para uma em cada três pessoas mais velhas. A realidade é que as pessoas dependem desses medicamentos porque eles geralmente funcionam e os efeitos colaterais são mais desejáveis do que a privação do sono. No entanto, o uso desses medicamentos não vem sem um custo. Muitas vezes, as pessoas se tornam dependentes desses remédios para dormir.

Tenho muitos pacientes que dependem de medicamentos para dormir. E eles podem ser úteis, pelo menos por um tempo. Não quero aumentar o estigma do uso de medicamentos para dormir, especialmente quando eles são necessários. No entanto, à medida que surgem novas pesquisas, fica claro que o sono medicado não é necessariamente a melhor opção para ajudar as pessoas a obter o que seus cérebros precisam do sono. Com muita frequência, a qualidade do sono assistido por medicamentos simplesmente não é a mesma do sono induzido naturalmente. Você não atinge os mesmos estágios do sono – nem passa tanto tempo neles. E, com o risco de dependência, está ficando cada vez mais claro que o sono medicado não deve ser a opção preferida. Para realmente fazer a diferença, precisamos entender *por que* as pessoas têm dificuldade para dormir. Então, poderemos encontrar uma maneira de fazer mudanças positivas para que as pessoas possam curar seus cérebros e seguir em frente com suas vidas.

É aí que entra a higiene do sono. Você pode pensar nisso como uma rotina noturna ou um ritual da hora de dormir. Costumo me referir a ela como "abraçar o relaxamento". Mas a higiene do sono, definida de forma simples, é o conjunto de hábitos, escolhas e fatores ambientais que ditam a qualidade, a facilidade e a consistência do seu sono. Essas são as variáveis sobre as quais cada um de nós tem algum controle. No entanto, para muitos de nós, as rotinas abaixo do ideal que interferem no sono saudável se tornaram arraigadas. No entanto, a maioria das pessoas, ao fazer apenas algumas mudanças simples, verá uma grande melhoria na qualidade do sono e, como resultado, uma melhora na saúde mental e no condicionamento físico.

Como são essas mudanças? Bem, isso varia de pessoa para pessoa e pode até mudar com o tempo, dependendo do que está acontecendo em sua vida. Juntos, identificaremos quais mudanças funcionarão melhor para você. Em seguida, você poderá adotar hábitos positivos que o ajudarão a dormir e a permanecer dormindo todas as noites, e a qualidade do seu sono melhorará. Mais importante ainda, esses benefícios essenciais do sono apoiarão a saúde do cérebro e a aptidão mental.

A SEGUIR, O FATOR SONHO

Uma das coisas que mais gosto de fazer com os pacientes é perguntar-lhes sobre seus sonhos. Geralmente faço isso na primeira sessão – e isso pode levar a conversas muito interessantes (e bastante terapêuticas).

Sigmund Freud, o infame psicanalista do século XIX, argumentou que os sonhos são "a estrada real para o conhecimento das atividades inconscientes da mente". A maioria dos estudantes de psicologia recebe uma cópia de sua obra seminal, *A interpretação dos sonhos*, e pensa que o sonho estranho que teve com a professora da quinta série representa, de alguma forma, algum tipo de medo ou desejo reprimido ou inconsciente.

Felizmente, as novas investigações sobre a função do sonho nos mostram que a visão de Freud pode não ser tão boa assim. Não estou dizendo que você não tenha algumas coisas que precise resolver em relação à sua experiência no ensino fundamental, mas seu sonho pode representar algo muito mais mundano. O sono REM, o tipo de sono em que sonhamos, pode estar preparando o cenário para a consolidação da memória.

Deixe-me explicar. Robert Stickgold, neurocientista da Universidade Harvard que dedicou sua carreira ao estudo do sono, propõe que o sono REM oferece ao cérebro a oportunidade de encontrar conexões entre o que aprendemos durante o dia e o que já está presente em nossa memória armazenada. Sua teoria, denominada Network Exploration to Understand Possibilities – NEXTUP ("Explorar conexões para descobrir possibilidades"), sugere que o sonho com seu dentista pode estar lá porque ele se parece com outra pessoa que você conhece e já está arquivado na memória. Você o conhece e já está arquivado em sua memória – ou porque a instrução dele para usar o fio dental o fez lembrar de outra coisa que você já ouviu antes. Mas, segundo Stickgold, a ideia é que os sonhos têm tudo a ver com conexões soltas. Daí sua referência a possibilidades incompreensíveis.

Estudos que analisam a recuperação da memória em participantes que são acordados do sono REM demonstram que somos significativamente mais precisos na recuperação de pares de palavras vagamente associadas, aprendidas antes de dormir, quando são acordados durante seus ciclos REM. Por exemplo, se for solicitado aos participantes do estudo que se lembrem de pares de palavras como "errado e certo" e "errado e ladrão", eles se lembrarão melhor do último após o sono REM e do primeiro após os estágios mais profundos do sono.

Isso levou Stickgold a levantar a hipótese de que o sono REM suporta um estado hipoperassociativo no cérebro. Para ajudar a determinar o que deve ser sinalizado e transferido para o armazenamento de longo prazo, o cérebro usa o sono REM para fazer essas associações mais soltas, construindo-as em uma espécie de história, para ver se o cérebro tem uma forte reação emocional a elas. Se isso acontecer, talvez valha a pena manter essas associações. Quando você entra no sono profundo, essas associações são provavelmente reavaliadas e, se forem consideradas válidas, são transferidas para o armazenamento de longo prazo com os outros aprendizados do dia.

O que acontece, porém, quando esse período de avaliação do sono profundo não ocorre? Você acaba tendo muitas associações que provavelmente não fazem muito sentido. Quando você considera muitos dos sintomas comumente observados em diferentes transtornos mentais, a teoria de Stickgold explica por que tantos indivíduos que sofrem desses transtornos sofrem de ruminação, paranoia e ansiedade excessiva. Eles podem estar retendo associações que nem sempre se baseiam na realidade – e não se apegando ao aprendizado que lhes permitiria entender melhor o mundo ao seu redor. Rapidamente fica claro por que a falta de sono profundo, em que essas associações mais tênues devem ser descartadas, pode levar a pensamentos desordenados e outros problemas cognitivos.

IDENTIFICANDO SEUS DEMÔNIOS DO SONO

A maneira como dormimos está profundamente ligada à maneira como vivemos, portanto, os melhores tratamentos geralmente estão enraizados nas mudanças simples que fazemos em nosso ambiente, programação e hábitos. Seu sono é uma parte negligenciada de sua saúde mental e condicionamento físico mental. Quando comecei a prestar mais atenção ao meu sono – monitorando-o, engajando-me ativamente em maneiras de melhorá-lo e mudando meu ambiente para torná-lo mais propício ao sono – minha qualidade de sono melhorou drasticamente. Por isso, acho que é muito importante que você comece a trabalhar para ter uma noite de sono melhor para fortalecer sua saúde mental. Quero que você comece hoje à noite.

O processo de adormecer, para muitos, é bastante simples. Eles se deitam. Fecham os olhos. E apagam como uma luz. Para outras pessoas, esse processo *não é* nada simples. Um terço da população americana tem dificuldades para conseguir descansar o suficiente. Essas barreiras geram fadiga crônica e sintomas de distúrbios de saúde mental. É por isso que é tão importante começar identificando seus demônios do sono. Ao fazer isso, você pode criar o sono restaurador que seu corpo e sua mente desejam.

O primeiro passo é identificar o que pode estar interferindo no seu sono. Reserve alguns minutos para refletir sobre os motivos pelos quais você tem problemas para dormir. Você tem um colchão desconfortável? Seu parceiro ronca? A televisão o mantém acordado até mais tarde do que você gostaria? Qual é a temperatura em seu quarto? É possível que nada tenha vindo imediatamente à sua mente. Não tem problema. Seus problemas de sono podem não ser imediatamente óbvios. Se esse for o caso, reflita novamente sobre a pergunta quando for para a cama hoje à noite. Quais são as atividades que você realiza antes de tentar dormir? O que pode estar mantendo você acordado à noite? Se você consegue adormecer facilmente, mas acorda periodicamente, tente identificar o que o está acordando. É a bexiga? Pensamentos acelerados? Outra coisa completamente diferente? Deixe um caderno ao lado da cama e faça anotações.

Depois de conversar com Noah, ficou claro que o maior problema que afetava seu sono era a interrupção noturna de seus colegas da terra de Switzer. Ele não está sozinho. Uma pesquisa de 2022 revelou que quase dois terços dos americanos levam o celular para a cama todas as noites. Mas mesmo que você não passe uma hora na cama percorrendo os feeds de suas redes social, o uso de tablets, computadores, televisores e outros dispositivos durante a noite tem sido associado à redução da qualidade do sono e dos níveis de melatonina, o hormônio que ajuda a provocar a sensação de sono. Embora os cientistas não compreendam totalmente os efeitos persistentes das telas azuis nos olhos e no cérebro, sabemos há muito tempo que as luzes brilhantes, em geral, não contribuem para um sono de qualidade.

Mas, além das luzes de LED que alimentam suas telas, levar o telefone – ou qualquer outro dispositivo – para a cama cria outros problemas. Considere as atividades que você realiza nesses dispositivos. Talvez você jogue um jogo, confira os destaques do jogo ou folheie as manchetes. Seja o que for, você está se envolvendo em conteúdo rápido que o coloca em um estado estimulado e mais ansioso.

No caso de Noah, ficou claro que ele estava sendo superestimulado por todos os e-mails que chegavam da Europa todas as noites. Ele precisava desativar esses alertas. Assim, fizemos um plano para que ele desligasse as notificações depois das 22h00 e deixasse todos os seus dispositivos, inclusive o relógio inteligente, fora do quarto. As coisas poderiam (e teriam que) esperar até de manhã.

É verdade que, a princípio, Noah resistiu a essa ideia. Ele tinha medo de perder algo importante de um de seus colegas europeus e ter problemas no trabalho. A essa altura, no entanto, ele entendeu que estava em um precipício e, graças à sua deterioração mental, já estava cometendo erros no trabalho. Ele concordou em experimentar uma semana com seus dispositivos longe da cama como um teste. Ele não apenas reconheceu rapidamente que não perderia o emprego se não respondesse a um e-mail às 3h da manhã, mas também percebeu o quanto a falta de sono o estava afetando. Depois de uma noite de descanso ininterrupto, seu humor e concentração melhoraram visivelmente. Depois de alguns dias, Noah relatou que estava voltando a se sentir como antes. No final da semana, ele percebeu que não tinha tido um único ataque de pânico. Ele decidiu que seus dispositivos permaneceriam fora do quarto. Os dispositivos não são o único demônio do sono que precisa ser combatido. Quando você vai para a cama e quando você acorda também são importantes. Pense em sua rotina noturna e em quando você acorda de manhã. A importância de uma rotina é frequentemente negligenciada, principalmente nos dias de folga do horário de trabalho. Mas o sono é regido pelo relógio interno do corpo, e esse tipo de mapeamento cíclico do tempo não tira folga. Os especialistas, inclusive eu, recomendam desenvolver uma rotina de sono noturno que funcione para você e, em seguida, fazer o possível para cumpri-la, sete dias por semana. Isso significa a mesma hora de dormir, a mesma hora de acordar, dia após dia. Pode parecer extremo, mas uma rotina consistente ajuda seu corpo a saber quando é hora de descansar. É aqui que seu telefone pode ajudar com seu sono. Defina um alarme à noite para lembrá-lo de que é hora de começar a relaxar (e, é claro, desligue o dispositivo, coloque-o no modo de suspensão ou deixe-o fora do quarto). Coloque um despertador em seu quarto para acordá-lo no mesmo horário todas as manhãs. Dentro de algumas semanas, você verá o quanto uma rotina regular pode melhorar a qualidade geral de seu sono a cada noite.

Ao pensar nos seus demônios do sono, também quero que você considere o ambiente que cria para dormir. Verifique seus cinco sentidos. O quarto é escuro? Quero dizer, realmente escuro? Pense nisso: Durante milênios, os seres humanos nunca tiveram acesso à eletricidade ou luzes à noite. Simplesmente seguíamos o ciclo dia-noite e dormíamos quando o sol se punha. Agora, no entanto, as luzes artificiais estão por toda parte, causando estragos em nossa fisiologia do sono. A exposição à luz em horários errados pode alterar o relógio interno do sono do corpo, o que, como você provavelmente já adivinhou, mantém o ciclo sono-vigília fora do ritmo, já que a escuridão está correlacionada com o aumento da produção de melatonina. Diminua as luzes uma ou duas horas antes de ir para a cama. Invista em cortinas – *blackout* ou outras – para manter o quarto escuro. Ou, se for mais fácil, compre uma máscara para os olhos.

Ouça o ambiente ao seu redor e pergunte a si mesmo: O que me ajuda a relaxar? É o silêncio ou você prefere um pouco de ruído de fundo? Se for o último caso, um ruído ambiente consistente, como o som gerado por uma máquina de ruído branco ou rosa, pode ser útil para muitas pessoas que estão procurando melhorar as condições de sono.

Você já considerou seu olfato? Houve onze testes randomizados e controlados que demonstraram uma correlação positiva entre a difusão de óleos essenciais e a melhoria da qualidade do sono. Não é que haja necessariamente algo misticamente curativo acontecendo com os óleos – isso simplesmente significa que há uma conexão clara entre o aroma do ambiente, o ruído do ambiente e o sono saudável. Isso dá ao seu corpo e ao seu cérebro um sinal de que é hora de começar a se preparar para o descanso.

Por fim, preciso acrescentar uma observação sobre a cafeína. Peço a todos os meus pacientes que analisem a quantidade de cafeína que estão consumindo durante o dia e quando. Embora possa parecer um estímulo inofensivo, a maioria das pessoas não percebe que a cafeína daquela xícara de café das 14h tem meia-vida de aproximadamente seis horas. Seis horas! Isso significa que é quase certo que você ainda terá bastante cafeína no organismo quando estiver se preparando para dormir, às 21 ou 22 horas. Provavelmente não preciso dizer que as propriedades estimulantes da cafeína são exatamente o oposto do que se deseja quando se tenta obter um sono tranquilo, consistente e de qualidade.

Fazer um balanço dos seus demônios do sono não é fácil. Eu deveria saber: durante a pandemia, eu mesmo comecei a ter insônia. Logo percebi que realmente não tinha ideia do quanto estava dormindo. Como diz o velho ditado, não se pode gerenciar o que não se pode medir. Foi somente depois que comecei a usar um anel Oura, um popular rastreador de saúde e condicionamento físico, que percebi o quanto meu sono estava errado. Enquanto relógios maiores ou outros dispositivos que podem medir o sono me distraíam, ter esse anel pequeno e discreto no dedo era uma ótima maneira de ver quantas horas eu estava dormindo por noite – e depois acompanhar minhas melhorias à medida que eu começava a lidar com meus próprios demônios do sono. Isso fez uma enorme diferença e é por isso que agora sugiro aos meus pacientes, incluindo Noah, que encontrem um rastreador de sono que funcione para eles.

Dê uma olhada em sua própria vida em cada etapa do seu dia e imagino que você começará a ver os fatores que estão contribuindo para um sono não tão excepcional. Ao identificá-los, você pode começar a fazer pequenas mudanças que terão um impacto enorme na saúde geral do seu cérebro e na sua saúde mental. O sono é um dos fatores mais importantes em nossa busca para ajudá-lo a se curar da depressão e da ansiedade e cuidar do seu cérebro moderno.

PLANILHA DE HIGIENE DO SONO

Avalie sua higiene do sono atual respondendo às seguintes perguntas:

1. A que horas você vai para a cama todas as noites?
   Segunda-feira:
   Terça-feira:
   Quarta-feira:
   Quinta-feira:
   Sexta-feira:
   Sábado:
   Domingo:
2. A que horas você acorda todas as manhãs?
   Segunda-feira:
   Terça-feira:
   Quarta-feira:
   Quinta-feira:
   Sexta-feira:
   Sábado:
   Domingo:
3. Qual é sua rotina normal na hora de dormir?
4. Descreva seu ambiente de sono usando seus sentidos: *Qual é a aparência? Qual é a sensação? Como é o som? Como é o cheiro?*
5. Quantas horas antes de dormir você para de assistir à televisão ou de usar seu celular, *tablet* ou *notebook*?
6. Você está usando um dispositivo (*smartwatch*, Oura Ring ou outro) para monitorar seu sono?
7. A que hora do dia você toma sua última bebida com cafeína?
8. Quantas bebidas alcoólicas você toma por noite?
9. Quando você comeu pela última vez antes de dormir?
10. Você se exercita e, se sim, a que hora do dia?
11. Em que você pensa quando vai dormir?

Com base no que aprendeu neste capítulo, algum demônio do sono lhe chama a atenção? Quais?

Escolha um demônio do sono. Que mudanças você poderia fazer nesse aspecto de sua higiene do sono para melhorar seu sono?

CAPÍTULO 7

Conexão

Ronnie achava que tinha reconstruído sua vida muito bem após o divórcio na meia-idade. Ele comprou uma casa a alguns quarteirões de distância da casa que antes dividia com a ex-mulher e o filho adolescente. Embora tivesse tido vários primeiros e segundos encontros, um novo relacionamento não tinha florescido com seus esforços. Sua ex tinha conhecido alguém rapidamente após a assinatura dos papéis do divórcio, mas Ronnie achava que tinha muito tempo para conhecer alguém mais tarde. Ele tinha que pensar em sua carreira – e, o mais importante, descobrir como estar presente para o filho, mesmo que eles não estivessem mais dividindo o mesmo teto todas as noites.

Quando seu filho estava no primeiro ano do ensino médio, o namoro tornou-se cada vez menos prioritário. Durante todos os quatro anos em que o filho esteve no ensino médio, Ronnie ficava na arquibancada nos jogos de basquete e nas competições de atletismo. A cada dois finais de semana, seu filho ficava em sua casa – e eles geralmente ficavam em casa jogando jogos de tabuleiro ou iam ao cinema. Sua vida social, tal como era, estava profundamente entrelaçada com a paternidade. E, embora ele não saísse sozinho com muita frequência, quando o fazia era com outros pais que conhecia por meio das atividades do filho ou com colegas de trabalho.

Então tudo desabou. Quando o filho de Ronnie foi para a faculdade,

Os fins de semana que antes eram preenchidos com atividades extracurriculares (e a roupa suja extra que essas atividades sempre traziam consigo) estavam dolorosamente vazios. Na mesma época, Ronnie aceitou um novo emprego. O trabalho veio com um aumento significativo de salário – uma boa vantagem para um rapaz que agora era responsável por uma conta pesada de mensalidades da faculdade –, mas também significava que ele estava trabalhando em um novo escritório com novas pessoas. Ele estava tendo problemas para se relacionar com seus novos colegas. E tentar sair com seus antigos colegas de trabalho sempre parecia um exercício de futilidade. Eles estavam sempre ocupados com suas próprias famílias – ou com suas próprias preocupações e reclamações sobre o trabalho. Quando Ronnie veio me ver, cerca de seis meses depois, ele me disse que "não estava em uma boa fase". Depois de meia hora de conversa, ficou claro que isso significava que ele estava deprimido e desconectado.

"Sei que é natural ficar triste quando seu filho vai para a faculdade", ele me disse. "Mas estou arrasado. Não sei o que fazer comigo mesmo. Chego em casa do trabalho e fico sozinho. Saio para comer e estou sozinho. Chega o sábado e estou sozinho. Vejo um anúncio de um filme e penso: 'Eu gostaria de ver isso', e percebo que não consigo pensar em ninguém para convidar para ir comigo. Minha ex-esposa me diz que eu só preciso fazer novos amigos, mas como fazer isso na minha idade?"

Ronnie, simplesmente, era solitário.

Ele não está sozinho. Vivek Murthy, cirurgião geral dos Estados Unidos, deu o alarme sobre a crescente epidemia de solidão que assola os Estados Unidos. Em 2023, ele publicou um Surgeon General Advisory que considerava a solidão uma crise de saúde pública, observando que metade dos adultos norte-americanos relatam um grau significativo de solidão. Isso é importante porque nossas conexões sociais desempenham um papel crucial em nossa saúde física e mental. Os especialistas sugerem que a falta de conexão social pode aumentar o risco de morte prematura tanto quanto ser um fumante regular de cigarros. Isso também pode afetar seriamente a saúde mental, com pessoas solitárias relatando mais sintomas de depressão e ansiedade.

As preocupações do Dr. Murthy afetam pessoas de todas as idades, especialmente nos dias de hoje, quando é mais provável que as pessoas se afastem de suas famílias. Elas relatam ter menos amigos à medida que envelhecem. E, como Ronnie, eles geralmente se sentem confusos com a ideia de tentar descobrir como criar novas conexões. (Sim, às vezes a Geração Z parece um pai divorciado de meia-idade).

Mas isso é importante, pois ter laços sociais fortes é uma parte essencial e subutilizada do cultivo da aptidão mental.

COMO ENCONTRAR UMA CONEXÃO REAL EM UM MUNDO HIPERCONECTADO

Parece que isso deveria ser bastante simples. O que sua mãe lhe dizia quando você ia para a escola ou para o parquinho quando era criança: "Divirta-se! Faça um novo amigo!".

Mas o que antes exigia apenas um "oi" e uma afinidade compartilhada com as barras de macaco se torna um pouco mais complicado à medida que envelhecemos. E, cada vez mais, parece que desenvolver e manter conexões é mais fácil falar do que fazer. Estou percebendo, cada vez mais, que as pessoas parecem estar confusas sobre o que realmente é uma conexão social saudável – e como apoiar melhor esses tipos de relacionamentos. Os seres humanos, por nossa própria natureza, são criaturas sociais. Nossos cérebros são projetados para promover a conexão social. Elas não apenas nos ajudam a propagar a espécie, mas também garantem que tenhamos a ajuda e o apoio necessários para sobreviver. Na savana, nossos ancestrais caçadores-coletores dependiam de outros para encontrar comida, evitar predadores e criar filhos. Toda a ideia de "é preciso uma aldeia" nasceu dessa ideia. Você precisa dessa aldeia para cuidar de você naqueles momentos em que talvez não consiga cuidar de si mesmo. A comunidade significava vida. Era a chave para nossa própria sobrevivência como indivíduos, e como espécie.

Estamos a alguns milênios de distância daqueles velhos tempos de caçadores-coletores. Mas o valor de ter uma rede forte ainda é válido. E essas redes são construídas a partir de uma série de diferentes tipos de conexões sociais – desde os laços profundos da família até alianças mais casuais com vizinhos ou até mesmo com o barista de sua cafeteria favorita. Como um garoto do interior, isso foi o que mais me surpreendeu na vida urbana: as conexões com porteiros, meu barbeiro e as pessoas que iam à academia ao mesmo tempo faziam com que a cidade parecesse um lar.

O que esses diferentes tipos de relacionamento têm em comum é o fato de serem mútuos e proporcionarem um senso de pertencimento e apoio. Essas são as pessoas que você valoriza e com as quais se importa e que, por sua vez, valorizam e se importam com você. É importante perceber que nem toda conexão deve ter a mesma profundidade e significado. Seu cônjuge, por exemplo, deve estar em um nível de relacionamento diferente do que, por exemplo, o colega de trabalho que compartilha seu amor pela culinária local. Isso pode parecer óbvio, mas o que frequentemente vejo as pessoas não perceberem é que esses dois relacionamentos são benéficos para sua saúde mental. Ambos fornecem diferentes tipos de apoio – seja para ajudá-lo a cuidar de sua família ou para compartilhar recomendações de restaurantes saborosos.

Então, o que está nos impedindo de fazer essas conexões variadas no mundo moderno?

Para começar, a distância. Nossos antepassados geralmente ficavam com suas famílias, mesmo depois de se unirem e começarem a ter seus próprios filhos. Fora dos Estados Unidos, não é incomum ainda ver famílias extensas compartilhando os mesmos apartamentos ou morando a poucos quarteirões umas das outras, formando a espinha dorsal de uma comunidade unida. Antigamente, era a mesma coisa nos Estados Unidos – e ainda é em algumas partes do país, como na zona rural de Indiana, onde cresci. Há cinquenta anos, tanto na cidade quanto no campo, era comum ver várias gerações coabitando no mesmo domicílio. E era comum encontrar membros de sua família estendida pela cidade ou durante as reuniões familiares mensais. Hoje em dia, no entanto, as famílias têm menos filhos e nossas maiores redes familiares diminuíram. E, como observei anteriormente, é mais provável que nos afastemos de nossas ex-famílias quando chegamos à idade adulta, seja para fazer faculdade ou procurar emprego. Isso significa que você não pode simplesmente encontrar seus contatos sociais na natureza. Você precisa se esforçar mais para mantê-los. Isso torna o mundo moderno um desafio maior para as conexões e, por extensão, para nossa saúde mental.

Eu mesmo tenho trabalhado bastante nisso depois de me mudar para a Índia e agora para Wyoming. Tentei entrar em um grupo de coral e encontrar um jogo de basquete, o que sempre funcionou para mim no passado. Nenhum dos dois acabou dando certo aqui no Oeste. Junto com a aula de barre que descobri, fiquei entusiasmado quando comecei a encontrar outros pais que eu conhecia fazendo caminhadas nas trilhas das montanhas ou praticando snowboard com nossos filhos. Tudo isso quer dizer que nos conectamos de maneiras diferentes em lugares diferentes. Considere as adaptações que talvez precise fazer para promover melhores conexões; é um ótimo lugar para dedicar algum tempo ao seu condicionamento mental. Seja paciente. Seja consistente. Continue se conectando.

Nossas instituições e bairros também estão mudando. Por exemplo, há apenas algumas décadas, você provavelmente encontraria o espaço religioso que sua família frequentava bem perto de sua casa. Essas igrejas, mesquitas, capelas e sinagogas não ofereciam apenas cultos semanais – os membros do clero e os voluntários conheciam cada membro da congregação e visitavam as pessoas que não podiam ir ao prédio por qualquer motivo. Eles também organizavam eventos comunitários regulares, desde programas pós-escolares até noites de espaguete, para reunir as pessoas. Mas, com a diminuição do tamanho das congregações, muitas dessas instituições comunitárias se consolidaram ou fecharam completamente. Se você ainda frequenta algum tipo de culto religioso, é provável que tenha que dirigir um pouco para chegar lá – e talvez não conheça a maioria das outras pessoas presentes.

Agora, certamente havia algumas desvantagens em ter todos esses tipos diferentes de conexões comunitárias estreitas. Sem dúvida, havia muitas pessoas interessadas em seu negócio. Mas esses tipos de configurações comunitárias não facilitavam apenas o convívio social – eles também facilitavam a busca de apoio quando você precisava. Os vizinhos deixavam caçarolas quando você estava doente ou de luto. Os membros da família podiam ajudar a cuidar de seus filhos enquanto você trabalhava ou ia para a escola. Geralmente, havia alguém por perto para sair se você quisesse se socializar. Hoje, no entanto, quase metade dos americanos afirma não conhecer seus vizinhos. E a maioria tem poucos amigos fora de suas famílias imediatas.

O que mais está interferindo na criação de uma rede social forte? Você provavelmente sabe o que vou dizer a seguir: a mídia social. Atualmente, o usuário médio de mídia social tem contato virtual com centenas de pessoas todos os dias. Que grande rede social! No entanto, mais de 60% da população, além das fronteiras geracionais e geográficas, relatam, como Ronnie, que se sentem solitários e isolados. Somos a geração mais interconectada da história. No entanto, em um golpe de ironia, somos os mais famintos por conexões verdadeiras. As desvantagens das mídias sociais já causaram alarme suficiente quando se trata de se conectar positivamente com outras pessoas, de modo que o Cirurgião Geral Murthy sugeriu que colocássemos um rótulo de advertência nelas.

Por que isso acontece? Considere o que realmente estamos fazendo on-line. Olhamos para a vida aparentemente perfeita de outras pessoas e comparamos com a nossa. Trabalhamos arduamente para publicar conteúdo que nos faça parecer de uma determinada maneira. Somos constantemente inundados com notícias (para não mencionar informações errôneas) que nos deixam ansiosos e tristes. Passamos uma quantidade excessiva de tempo discutindo com estranhos quando poderíamos estar conversando com amigos e vizinhos, pois os algoritmos favorecem a controvérsia. Com o passar do tempo, fica mais difícil promover novas conexões. Quando sugeri a Ronnie, que é um grande fã do Pittsburgh Steelers, que provavelmente havia um grupo na cidade que se reunia para assistir aos jogos, ele me disse que já pertencia a um grupo on-line que discute os jogos.

"Você está fazendo planos para sair com alguém daquele grupo on-line?" perguntei a ele.

"Bem, não", disse ele. "Nós só fazemos piadas ou conversamos sobre os técnicos e as decisões dos árbitros on-line."

"Não seria mais divertido assistir ao jogo com outras pessoas?"

"É claro!", disse ele. "Mas eu não conheceria ninguém em um desses grupos. Eu nem saberia com quem falar ou o que dizer. E, on-line, estou assistindo ao jogo com outras pessoas. Só não sei necessariamente quem são elas."

A conexão mudou radicalmente com o surgimento da mídia social. Interagimos com outras pessoas de novas maneiras à medida que rolamos, curtimos, comentamos... e iniciar discussões on-line com adversários políticos. Não estou aqui para dizer que as mídias sociais são ruins. Todos os dias, interajo com dezenas de pessoas em meus próprios feeds nas redes sociais. A maioria delas eu nunca conhecerei, mas muitas me dão feedback encorajador sobre meu trabalho e certamente me dão um senso de comunidade maior.

Mas não podemos fingir que essa nova era de conexão humana é a mesma que encontramos nas comunidades do mundo real. E parece que estamos lutando para nos adaptar tão rapidamente quanto precisamos – e não reconhecer as diferenças é incrivelmente arriscado, especialmente para cérebros adolescentes.

Um estudo realizado em 2021 com 1 milhão de adolescentes de mais de 35 países, por exemplo, descobriu que os adolescentes estão em várias redes sociais, mas relatam que se sentem socialmente isolados e com falta de confiança social. Essa faixa etária está mais "conectada" do que nunca, mas não está obtendo o que precisa desses relacionamentos digitais. Mas não são apenas os adolescentes. Até mesmo os adultos que são ávidos usuários de mídias sociais estão experimentando a desconexão – uma pesquisa recente descobriu que 73% dos usuários intensivos de mídias sociais se consideravam solitários, em comparação com 52% dos usuários leves. Estamos hiperconectados digitalmente, mas nos sentimos cada vez mais desconectados. E é por isso que esse princípio específico da aptidão mental tem o maior potencial de mudar profundamente sua vida. A conexão humana real é o princípio que pode afetá-lo de forma mais poderosa e palpável.

Até mesmo Ronnie, que atingiu a maioridade em uma época diferente, pode ter dificuldade em ver as diferenças entre os relacionamentos virtuais e os reais. Ele está conectado à sua família extensa nas mídias sociais. Ele vê as fotos dos filhos de seus primos ou parabeniza seu cunhado por uma promoção no trabalho. Mas quando perguntei qual foi a última vez que ele pegou o telefone para ter uma conversa real com essas pessoas, ele me disse que não se lembrava.

"Acho que é mais fácil gostar de uma foto do que ligar para alguém do nada", disse ele. "Não quero incomodá-los."

Lá está o medo e a ansiedade novamente. Mas Ronnie faria muito mais

É melhor fazer aquela ligação ou agendar uma visita no fim de semana. Porque é muito provável que ele não seja o único que esteja se sentindo socialmente isolado. Seus primos, seu cunhado, até mesmo outros torcedores do Steelers em uma reunião local provavelmente se beneficiarão de um tempo de contato tanto quanto ele. (Sejamos realistas: Ronnie não está sozinho. Muitas pessoas tiveram dificuldades para iniciar suas vidas sociais após o isolamento da pandemia de Covid-19).

Tudo isso para dizer que o tempo original e real de contato pessoal é importante. Os cientistas estão aprendendo que as interações sociais face a face são muito melhores para nós do que as digitais. Embora possamos fazer muita coisa pela tela do computador, vários estudos descobriram que, quando comparadas às comunicações digitais, as interações sociais face a face estão associadas a aumentos na autoestima pessoal e no bem-estar psicológico geral. As chamadas de vídeo são uma ótima ferramenta para minha prática de telemedicina, mas a maioria das pessoas quer me encontrar pessoalmente em algum momento. Há algo profundamente humano em estarmos juntos na vida real.

Arranjar tempo para esse tipo de conexão com o mundo real pode parecer mais difícil hoje em dia porque nossa capacidade de atenção está mais curta – e, bem, muitas vezes ela é apenas mais opcional do que antes. Parece que temos menos tempo e menos largura de banda para nossos relacionamentos. Mas estou aqui para lhe dizer que é importante reservar tempo, especialmente à medida que envelhecemos. Porque quando negligenciamos nossos relacionamentos pessoais, nossa saúde mental é prejudicada.

Quando converso com meus pacientes mais velhos, na faixa dos sessenta e setenta anos, eles me dizem repetidamente o quanto seus relacionamentos são importantes para eles. Ronnie, que ainda não tem essa idade, mas está chegando perto, está reconhecendo o quanto sua vida está perdendo sem essas conexões também. É por isso que precisamos começar a pensar em maneiras de nutrir nossas conexões sociais – e fazer isso agora. Esse é um exercício que só fortalecerá sua aptidão mental.

CONEXÕES PARA CÉREBROS SAUDÁVEIS

Meu entusiasmo pela psiquiatria começou com um sério entusiasmo pelas células cerebrais. Continuo fascinado pelo funcionamento interno dos neurônios, sinapses e neurotransmissores. Lembro-me de ter aprendido em minha primeira aula de biologia que a função está relacionada à estrutura. Ou seja, como algo é construído diz muito sobre o que ele faz.

O cérebro humano é um órgão de conexão. Cada adaptação, cada faceta de sua saúde mental é construída para responder às interações com sua tribo. Para socializar, envolver-se e conversar. Então, o que acontece com o cérebro quando os paradigmas sociais mudam cada vez mais para o isolamento?

Penso muito sobre isso quando considero os benefícios da conexão humana. Afinal de contas, os neurônios são projetados para se conectar. Os cérebros têm um grande trabalho a fazer – e não podem fazê-lo sem que nossas células cerebrais disparem e se conectem. É por isso que vejo a conexão como uma diretriz primordial – somos melhores juntos – e por isso pergunto a todos os meus pacientes sobre suas conexões sociais para avaliar melhor sua saúde mental geral. Estou criando um mapa de sua rede pessoal de conexões. Quem são os personagens dessa história e qual é a qualidade da conexão do meu paciente com eles?

MAPEAMENTO DE SUAS CONEXÕES

Conforme observado na pesquisa, você quer ter uma rede diversificada de conexões sociais: amigos, familiares, conhecidos e aquele cara com quem você compartilha receitas de *smoothies* na aula de yoga. Para entender melhor suas conexões sociais, reserve um tempo para mapear suas pessoas. Escreva os nomes das pessoas em sua vida que se enquadram nas seguintes categorias:

Parceiro(s) romântico(s)/cônjuge:
Família imediata:
Família ampliada:
Amigos:
Vizinhos:
Conhecidos:
Colegas:
Modelos:
Mentores:
Colegas de classe:
Membros da comunidade espiritual:
Membros da comunidade de voluntários:

Esta lista não cobre todas as possibilidades. Pode haver outras categorias que façam sentido, considerando o momento em que você se encontra na vida. Colegas de quarto, parceiros de estudo, parceiros de atividades, membros de clubes, conexões no setor ou colegas de equipe. Você determina as pessoas que fazem parte de sua vida social - você pode determinar quais categorias exemplificam melhor as pessoas que fazem parte de seu mundo. A chave aqui é fazer um inventário para que você possa estar mais ciente de onde gasta a maior parte de seu capital social - e onde você pode expandir seus círculos sociais para criar conexões mais diversificadas.

Agora, uma confissão: tive algumas preocupações com minha própria saúde mental quando me sentei para escrever este capítulo. Depois de anos morando na fazenda da família com meus pais, na comunidade de Indiana onde cresci, agora estou a mais de três mil quilômetros de distância, em Wyoming. Quando a escuridão do inverno se abateu sobre mim, percebi que essa mudança significava que eu tinha perdido algumas das conexões com as quais eu contava ao longo das décadas. Mas, ao pensar mais sobre as pessoas que deixei em Indiana, percebi que não as "perdi" de fato. Minha família e meus amigos, embora agora mais distantes, ainda estão em minha vida. Só preciso pensar mais sobre como nutrir esses relacionamentos quando não estiver morando perto deles. Percebi que precisava ver a transição em minha vida e o significado de criar nossa própria casa. E, enquanto eu estava analisando esses sentimentos, precisava tomar medidas para começar a criar um sistema de apoio local de novos amigos e conhecidos. Como você sabe, nada disso acontece da noite para o dia. Criar conexões exige tempo e esforço.

Um cérebro saudável é um cérebro conectado. Estrutura é igual a função. Da mesma forma, um ser humano saudável é um ser humano conectado. E por meio dos esportes de inverno, dos meus colegas locais e das atividades dos meus filhos, minha esposa e eu estamos encontrando maneiras de construir nossa rede aqui. Ao fazer isso, estamos dando aos nossos cérebros o que eles precisam para prosperar. Lembro-me claramente da primeira sexta-feira à noite em que fomos convidados para um *potluck* por um grupo de novos vizinhos. Passei a noite conversando, rindo e sorrindo. Sentir-se conectado às vezes é maravilhosamente simples assim.

É também uma questão de sobrevivência. Vários estudos já demonstraram que a conexão e a atenção humanas são formas de medicina. Um dos mais conhecidos, uma meta-análise realizada em 2010 por pesquisadores da Universidade Brigham Young, analisou cerca de 150 estudos para avaliar até que ponto as relações sociais influenciam o risco de mortalidade. Os cientistas descobriram que ter relacionamentos sociais sólidos ajuda a nos manter vivos por mais tempo, independentemente de idade, sexo ou estado de saúde.

Essas conexões sociais também estão, literalmente, ajudando a manter nossos cérebros mais saudáveis. O apoio social ajuda a aumentar os níveis do fator neurotrófico derivado do cérebro em cerca de 27%. Embora os pesquisadores desse estudo estivessem analisando o apoio social e sua influência no desenvolvimento de demência ou derrame, sabemos que o BDNF está diretamente relacionado ao fato de o cérebro estar em modo de crescimento. Estar perto de outras pessoas não só ajuda a evitar o declínio mental, mas também melhora o humor e, consequentemente, a saúde mental e o bem-estar.

Outros estudos mostram que o apoio social ajuda a reduzir a inflamação do corpo. Isso é benéfico para todo o corpo, pois a inflamação excessiva e desregulada está ligada a uma ampla variedade de diferentes condições de saúde. Mas também sabemos que a inflamação cerebral está associada a sintomas de depressão e ansiedade.

As conexões sociais também desempenham um papel na promoção da diversidade do microbioma. Em um estudo da Universidade da Califórnia, em San Diego, os pesquisadores fizeram com que 184 participantes preenchessem medidas de solidão, apoio social e envolvimento social. Mesmo após o controle da idade e do índice de massa corporal, eles descobriram que as pessoas que relataram níveis mais altos de apoio e envolvimento social (e pontuações mais baixas nas métricas de solidão) apresentaram maior diversidade no microbioma intestinal. Essa é mais uma maneira pela qual nossas redes sociais podem nos ajudar a manter a forma mental.

Há outra coisa que vale a pena mencionar aqui. Estar com outras pessoas simplesmente é bom. Não importa se você está passando um tempo de qualidade com seus filhos ou se acabou de perceber que a garçonete do seu local de almoço favorito se lembra do seu nome ou da sua sobremesa favorita, esses relacionamentos o lembram de que você pertence – e é importante.

Os riscos associados à falta de conexão direta pessoal não são etéreos nem simplesmente abstratos. Em estudos, as pessoas que exibem hábitos de solidão apresentam níveis significativamente mais altos de depressão e ansiedade. Elas correm um risco 50% maior de desenvolver demência. E não se esqueça da estatística que mencionamos anteriormente – elas têm maior probabilidade de sofrer uma morte prematura, assim como os fumantes regulares.

Chegou a hora de dar uma olhada longa e cuidadosa em suas conexões.

CRIANDO CONEXÕES FORTES NO MUNDO MODERNO

Estudos e pesquisas mostram que um em cada quatro americanos não tem exatamente nenhum amigo em quem possa confiar. Essa é uma estatística espantosa – e espera-se que esse número só aumente. Promover a conexão humana, aprofundar as conexões que você tem e expandir o grupo de pessoas em quem você confia é um dos princípios fundamentais do cultivo da aptidão mental. É uma das maneiras de saber, em minha prática clínica, que meus pacientes estão melhorando.

Mas, ao ler isto, tenho certeza de que está fazendo uma pergunta importante: O que é, então, uma boa conexão social? Eu lhe direi.

Uma boa conexão social é aquela que faz com que você se sinta cuidado, valorizado ou apreciado. E, como eu disse antes, nem todas elas serão amizades do tipo “ou vai ou racha”. Você deve ter uma rede diversificada de conexões sociais – e deve entender que essas conexões devem evoluir com o tempo. O que você obtém da conexão, bem como o que você investe para mantê-la, mudará e deve mudar dependendo do que está acontecendo em sua vida.

Por exemplo, hoje em dia, meu foco são meus filhos. Como eles estão chegando à adolescência, reconheço que faltam poucos anos para que eles queiram sair comigo nos fins de semana. Estou conscientemente concentrado nisso. Veja bem, não estou ignorando meu cônjuge ou amigos para fazer isso. Mas estou propositalmente dizendo não a certas coisas para garantir que tenhamos tempo de qualidade para brincar, cozinhar e simplesmente conversar. Estou dando os últimos passeios de carona da paternidade. Eles já começaram a passar mais tempo com seus colegas, sinalizando que eu deveria fazer o mesmo. Como já observei, as conexões mudam. Essa pode ser uma lição de vida difícil para algumas pessoas. Para mim, é uma lição agridoce.

Atualmente, minha esposa e meus filhos são meus vínculos mais profundos. Mas também valorizo muito os relacionamentos que, para uma pessoa comum, talvez não pareçam ser tão importantes. Um dos meus mentores na faculdade de medicina – alguém com quem eu falava horas por semana – agora se tornou alguém com quem falo apenas algumas vezes por ano. Mas quando nos vemos em reuniões médicas, ou simplesmente nos falamos por telefone, continuamos de onde paramos. Tenho certeza de que você tem pessoas semelhantes em sua vida. Eu não preciso tanto desse tipo de mentor. Mas nossa conexão ainda me faz sentir vista, apreciada e tranquilizada, mesmo depois de todos esses anos.

Portanto, talvez não seja surpreendente que estudos de psicologia social sugiram que as pessoas que relatam fortes sentimentos de bem-estar tenham um portfólio diversificado de conexões sociais. Pesquisadores de Harvard Business School estavam originalmente tentando determinar o *melhor* tipo de relacionamento para ajudar a fortalecer sua saúde mental e emocional. Depois de realizar uma pesquisa sobre diferentes tipos de relacionamentos, eles descobriram algo surpreendente. As pessoas que relataram sentir-se melhor consigo mesmas eram aquelas que tinham uma combinação única de relacionamentos. Quanto maior o número de diferentes categorias de relacionamentos com os quais interagiam no dia a dia, mais felizes elas se sentiam. Os laços mais fracos parecem ser tão importantes para nossa saúde mental quanto os fortes.

É claro que você quer ter um ótimo relacionamento com seu parceiro, seus filhos e seus pais. Mas também ganha valor ao ter conversas diárias com amigos, conhecidos, colegas de trabalho e até mesmo com pessoas aparentemente aleatórias. O cara que você sempre vê no trem. O barista da sua cafeteria favorita. Os outros pais nos jogos de futebol de seu filho. A pessoa do caixa do supermercado. Reservar tempo e espaço para essas conexões também ajuda a cultivar a aptidão mental. E, ao se envolver nessas interações, você pode descobrir, sem muito esforço de sua parte, que as conexões que antes eram passageiras se tornam mais profundas.

O mundo está mudando. Hoje, cada vez mais pessoas estão trabalhando remotamente. Nossas estruturas sociais, muitas das quais apoiam as interações comunitárias, estão mudando. As próprias construções que nos ajudam a ser mais sociais estão sendo reimaginadas e reconfiguradas como parte desse estilo de vida novo, moderno e digital. Grande parte disso abre novos caminhos para a interação humana. Mas isso também significa que as antigas formas de conexão podem não funcionar como antes. Que talvez tenhamos que nos esforçar um pouco mais, sair de nossas zonas de conforto e encontrar maneiras de nos conectarmos que podem parecer um pouco desconhecidas.

Eu me identifico. Durante a pandemia, meu trabalho clínico tornou-se cem por cento telemedicina da noite para o dia. A conexão é essencial para um trabalho eficaz como terapeuta e as pessoas frequentemente me perguntavam se a teleterapia era tão boa quanto a terapia presencial. Acontece que era diferente e, em alguns casos, muito melhor. Outra parte que agora parece óbvia. Com o tempo, minhas habilidades melhoraram e minhas ideias sobre telemedicina evoluíram. Vi alguns cenários clínicos que nunca teria encontrado antes, como um novo pai que trazia regularmente o filho para suas sessões semanais. Com a telemedicina, posso conhecer todos os animais de estimação e, muitas vezes, alguns membros da família. Às vezes, os pacientes usam suas telas para compartilhar suas fotos de trabalho ou de família. Ao contrário de minhas preocupações iniciais, a profundidade e a riqueza de nossa conexão pareciam aumentar de maneiras novas e empolgantes.

Eu disse isso ao Ronnie. Começamos a trabalhar conversando sobre maneiras de expandir sua rede social. Ele optou por entrar em contato com alguns de seus antigos colegas de trabalho para ver se eles poderiam se encontrar – e tentar aquele grupo de encontro dos Steelers. Pode parecer bobagem, mas criar conexões tem a ver com as pequenas coisas. Iniciar uma conversa, lembrar-se de interações passadas e realmente ouvir o que as pessoas dizem a você. São esses pequenos atos que ajudam a criar grandes conexões.

Também conversamos sobre sua vida amorosa. Ronnie tinha desistido dos sites de namoro on-line porque não estava encontrando alguém com quem quisesse assumir um compromisso de longo prazo. Mas eu lhe perguntei se ele poderia deixar de lado o objetivo de encontrar um cônjuge e, em vez disso, pensar em namoro apenas como conhecer novas pessoas. Namorar nem sempre precisa ser encontrar o parceiro perfeito para sua vida. Mas apenas o ato de sair com novas pessoas pode ajudá-lo a desenvolver habilidades importantes que o ajudarão quando você encontrar aquela pessoa especial – escuta ativa, comunicação e compromisso.

"Quero dizer, eventualmente, eu gostaria de ter um parceiro novamente", disse ele. "Mas acho que pode ser divertido ter alguém com quem sair para fazer coisas."

Portanto, é hora de fazer um dever de casa de condicionamento mental. Dê uma boa olhada em sua própria rede social. Não os seus seguidores do Instagram – ou aquele especialista político com quem você gosta de discutir naquela plataforma de mídia social que divide opiniões. Pense nas pessoas com quem você conversa no dia a dia. Com quem você está se conectando? Quão diversificada é essa rede? Pegue uma caneta e escreva. Como mencionei anteriormente, gosto de pensar nisso como um mapa ou uma teia de conexões, e escrever isso também pode ser útil.

Se estiver se sentindo solitário ou isolado, você pode trabalhar com o que tem. Envie um bilhete, mensagem de texto ou DM para seu melhor amigo da faculdade. (Recentemente, um amigo do ensino médio enviou aos nossos filhos um cartão postal de uma viagem à Antártica e isso realmente tocou meu coração). Peça a um amigo para acompanhá-lo em uma caminhada ou aula de ginástica. Participe de um clube do livro. Finalmente, inscreva-se em aulas de arte ou de violão. ("Stairway to Heaven"!) Explore uma comunidade espiritual ou uma igreja, se for o seu caso. Ou você pode aceitar o Desafio de Conexão 5 por 5 do Dr. Murthy. O cirurgião geral dos Estados Unidos literalmente criou um Connect Deck, oferecendo sugestões de maneiras de se conectar significativamente com outras pessoas em um período de cinco dias.

Qualquer pessoa pode expandir sua comunidade e diversificar seu portfólio social. E embora muitos especialistas enfatizem a importância da conversa para fortalecer as conexões sociais, acho que é ainda mais importante *ouvir*. Preste atenção no que as pessoas dizem e no que é importante para elas. Esteja presente quando puder. A ideia é ouvir ativamente as outras pessoas. Muitas vezes, isso traz o mesmo benefício para você, a pessoa que está ouvindo. Isso coloca nossos próprios problemas em perspectiva e mostra nossa própria capacidade de ajudar os outros. Esse é o grande segredo que aprendi em vinte anos de escuta profissional. Na maioria das vezes, as pessoas precisam de um ouvido, não de um especialista.

Nem sempre é fácil, mas quando você tenta se conectar com os outros de forma consistente, consciente e recíproca, verá que colherá o que plantou. Isso certamente aconteceu com Ronnie. Em poucos meses, ele conheceu alguns caras que também eram divorciados e viviam sozinhos agora que os filhos já tinham ido embora. Eles começaram a se reunir regularmente para jantar, assistir a esportes ou simplesmente sair. Sua rede se expandiu ainda mais quando um desses rapazes o convidou para participar de um jogo de pôquer mensal. “Tem sido muito divertido”, disse ele. “Estou conhecendo novas pessoas e, para ser sincero, não sei ao certo por que eu estava tão ansioso antes.”

Ronnie disse que uma das melhores coisas sobre esses amigos é que eles também se informam uns sobre os outros. Ele disse que recentemente, quando seu filho voltou da faculdade, ele não foi ao jogo de pôquer. Ele recebeu algumas mensagens de texto perguntando se estava tudo bem.

“É bom saber que sua ausência foi sentida. Um cara, quando soube que meu filho iria embora no final da semana, perguntou se eu queria jantar naquela noite. Ele disse que se lembrava de como era difícil quando deixava seus filhos na escola. Isso significou muito”, disse ele. “Agora, se não tenho notícias de alguém há algum tempo, envio uma mensagem de texto rápida ou talvez um meme engraçado só para que saibam que estou aqui se precisarem de mim. Também me certifico de perguntar sobre a possibilidade de comer algo ou sair se achar que a pessoa está passando por um momento difícil.”

A conexão, no que diz respeito à aptidão mental, é necessária, não discricionária – mesmo para aqueles que se identificam como introvertidos. Seu cérebro está constantemente buscando novas conexões e, ao priorizar a necessidade de socialização, você pode criar um contexto melhor para a saúde mental e uma melhor qualidade de vida em geral.

Mas ao procurar expandir suas conexões sociais, lembre-se: Não existe um relacionamento único para todos. Nossas diferentes conexões na vida nos servem de maneiras diferentes. Algumas pessoas precisam que apareçamos de maneiras diferentes das outras. Precisamos das várias conexões em nossa vida por motivos diferentes. E quando você começar a reconhecer o valor de uma tapeçaria rica e colorida de conexões sociais para reforçar sua aptidão mental, verá o poder que as pessoas ao seu redor têm na cura do cérebro moderno.

ENTENDENDO A DIFERENÇA ENTRE ESTAR SOZINHO E SER SOLITÁRIO

Parte do desenvolvimento de um portfólio diversificado de conexões sociais é também a construção de um relacionamento consigo mesmo. Embora existam muitos estudos que falam sobre as consequências negativas do isolamento social, há valor em passar algum tempo sozinho. Parte da aptidão mental é aprender a gostar de sua própria companhia.

Primeiro, vamos definir os termos “solidão” e “estar sozinho”. Embora haja alguma sobreposição, eles são diferentes. A solidão é um sentimento de vazio – e pode ocorrer mesmo quando você tem companhia. Na verdade, algumas pessoas podem se sentir solitárias mesmo quando estão em um relacionamento – ou até mesmo em uma multidão. A solidão é um estado de espírito distinto, um sentimento de desconexão que faz com que você se sinta invisível, não ouvido e não apreciado.

Estar sozinho, é claro, é um pouco diferente. Você não está interagindo com outras pessoas no momento. Para algumas pessoas, o tempo sozinho é incrivelmente benéfico. Ele nos dá a oportunidade de descansar, relaxar e nos concentrar em nós mesmos. Mas se sua rede social for tão pequena que você não consiga encontrar pessoas com quem interagir quando estiver tentando ativamente, isso pode se tornar um problema. Isso pode se transformar em isolamento social e solidão. É aí que isso se torna um problema.

Ao longo dos anos, trabalhei com muitos pacientes que se sentem solitários porque nunca trataram seu transtorno de ansiedade social com nada além de álcool ou drogas. Muitos de meus pacientes que sofreram traumas também enfrentam dificuldades para se sentirem relaxados e confortáveis com outras pessoas. Mas o tratamento da solidão é realmente uma questão de programação e estrutura. Se estiver se sentindo solitário, você pode ir a um evento esportivo ou assistir a uma música ao vivo. Até mesmo sair para fazer compras é inerentemente social e oferece a oportunidade de interagir com outras pessoas e aproveitar as conexões que compartilhamos uns com os outros.

Se você estiver se sentindo solitário, é importante não deixar que isso se transforme em um verdadeiro isolamento social. Em 2019, pesquisadores suíços descobriram que o isolamento social estava associado a um aumento *de onze vezes* no risco de depressão moderada a grave. O isolamento social também aumenta a probabilidade de você ignorar outros princípios da aptidão mental – estudos descobriram que as pessoas socialmente isoladas têm maior probabilidade de ter uma dieta pobre e levar uma vida mais sedentária. Esses fatores, como sabemos, também aumentam o risco de doenças mentais.

Como clínico e como alguém que já teve problemas com problemas de humor no passado, sei como é muito mais difícil lidar com problemas de saúde mental quando se está isolado. É um ciclo que se autoperpetua e que só exacerba os sintomas depressivos. É por isso que é tão importante se envolver com outras pessoas para que você possa criar conexões mais fortes com os indivíduos e as instituições que podem lhe dar apoio. Eu também acrescentaria que nosso cérebro se beneficia quando estendemos a mão para servir aos outros. Seja abrindo a porta para um estranho, visitando um velho amigo ou trabalhando como voluntário em um sopão local, ajudar os outros é uma maneira extraordinariamente poderosa de se conectar. Quando estamos sofrendo, esperamos que as pessoas nos ajudem. Mas há uma grande mudança de mentalidade quando ajudamos os outros. Vemos o simples poder humano de se conectar. Criamos exatamente o que queremos em nossa própria vida – e isso, amigos, é profundamente curativo.

CAPÍTULO 8

Engajamento

Elise morava sozinha em um pequeno apartamento suburbano, não muito longe de seu trabalho. Quando assinou o contrato de aluguel do amplo complexo residencial três anos antes, ela viu a mudança como um símbolo de independência recém-descoberta. Ela estava ganhando o suficiente para viver de acordo com suas próprias condições. Sem colegas de quarto, sem compromisso. Para ela, era um grande negócio. Agora, todas as manhãs, ela fazia um trajeto de vinte minutos até a grande empresa de tecnologia, onde ocupava uma função de supervisão em uma central de atendimento movimentada. Era um bom emprego com ótimos benefícios. Mas não era onde ela imaginava estar quando se formou na faculdade, mais de uma década antes.

"Sinto que tenho as mesmas conversas repetidas vezes", disse ela. "Tanto com os clientes que nos ligam quanto com as pessoas que trabalham para mim. Isso se torna muito antigo, muito rapidamente."

As paredes, ela me disse, são pintadas com o bege quase imperceptível que se associa a consultórios de dentistas e vestiários de lojas de departamento. E como a política da empresa determina que os funcionários só podem ter uma peça de decoração para os cubículos, Elise se contentou com uma foto dela e da família tirada em suas últimas férias na praia. Isso não ajudava muito a quebrar a monotonia de seus dias. "Eu não deveria me queixar", disse ela. "Todos diziam que eu nem sequer encontrar um emprego se eu me formasse em inglês – e este é um trabalho muito bom. Eles me pagam bem. Os benefícios são incríveis. Há um caminho claro para a promoção. Só não é o trabalho mais empolgante. Mas, você sabe, nesta economia, não sei se é realista esperar ter um trabalho empolgante. Você quer um salário confiável. E eu tenho um salário confiável". Mas quando pedi a Elise que me falasse sobre o que ela faz para se divertir – como ela usa esse salário confiável para fazer as coisas que tragam alegria – ela expressou o mesmo sentimento de futilidade.

"Quando chego em casa depois do trabalho, geralmente estou bastante cansada", disse ela. "Preparo algo para comer, assisto à Netflix e fico olhando o Instagram por um tempo. Nada muito louco."

"E nos finais de semana?" perguntei. "O que você faz então?" "Ah, não sei", disse ela. "De vez em quando, eu saio com os amigos. Mas todos são muito ocupados. E muitos dos meus amigos estão em estágios diferentes da vida agora. Alguns são casados. Alguns têm filhos. É mais difícil querer entrar em contato."

"Você tem visto sua família ultimamente?"

"Nós nos falamos uma vez por semana, mais ou menos." Ela deu de ombros. "Mas, quando nos falamos, minha mãe está sempre me perguntando o que estou fazendo. Na verdade, não sinto que tenho algo a lhe dizer. Tenho certeza de que ela não quer ouvir sobre como o trabalho é chato de novo."

"E quanto a se envolver em outras atividades?" perguntei. "Você disse que se formou em inglês. Tem lido bons livros ultimamente? Talvez tenha pensado em participar de um clube do livro?"

"Não consigo me lembrar do último livro que li", disse ela. "Acho que talvez eu tenha usado minha cota de horas de leitura na faculdade."

Não pude deixar de notar que Elise expressava o mesmo sentimento de futilidade em todos os aspectos de sua vida. Ela estava desinteressada e, se tivesse quarenta anos e expressasse esses mesmos sentimentos a um gerontologista, eles ficariam preocupados o suficiente para recomendar que ela começasse a fazer algumas mudanças significativas no estilo de vida.

Por que isso acontece? Os estudos científicos mais recentes agora mostram que há uma ligação significativa entre a falta de engajamento cognitivo e a demência. Embora muitas vezes falemos sobre demência como uma doença específica – algo semelhante à doença de Alzheimer –, ela é, na verdade, mais uma categoria de sintomas que caracterizam uma capacidade prejudicada de lembrar, tomar decisões ou resolver problemas à medida que envelhecemos. Isso vai além dos chamados momentos da terceira idade, quando você perde os óculos de leitura ou leva alguns segundos para lembrar uma palavra ou o nome de um conhecido. Essas são deficiências cognitivas significativas que interferem no funcionamento diário e na vida independente. Portanto, é algo que você deve evitar, ou pelo menos retardar, se possível. Manter seu cérebro envolvido em atividades significativas durante toda a vida é uma maneira de fazer isso. Porque, como se vê, se você não usar seu cérebro, poderá de fato perdê-lo.

Não apenas existe essa ligação entre a falta de engajamento cognitivo e a demência, mas uma série de novos estudos neurocientíficos também demonstra uma forte associação entre depressão e demência. Atualmente, muitos especialistas sugerem que a depressão é um fator de risco e, potencialmente, um pródromo ou sintoma precoce da demência. O interessante é que tanto a depressão quanto a demência compartilham uma característica interessante: a inflamação.

Já discutimos como a inflamação é um assassino da saúde mental. A inflamação crônica pode causar danos inadvertidos a células e tecidos saudáveis no cérebro. Isso pode levar a uma série de problemas posteriores. Caso em questão: estudos psicopatológicos sugerem que as mesmas patologias inflamatórias do cérebro que levam à depressão e ao comprometimento cognitivo leve, com o tempo, têm o poder de progredir para a demência.

É por isso que, embora Elise estivesse a décadas de se tornar membro da AARP ("Associação Americana para Pessoas Aposentadas", em tradução livre), eu estava igualmente preocupado com sua falta de envolvimento cognitivo. Não se tratava apenas do fato de ela estar desconectada de outras pessoas. Já falamos sobre por que isso é um problema – e por que sua falta de conexões sociais provavelmente estava contribuindo para o declínio da saúde mental. Mas Elise também não estava engajando sua mente, seja no trabalho ou em casa. E isso também tinha o poder de influenciar negativamente sua aptidão mental. É isso mesmo. Cultivar a aptidão mental requer literalmente encontrar maneiras de exercitar sua mente. Manter-se atento é outra maneira de ajudar a curar o cérebro moderno.

UM CÉREBRO FEITO PARA O ENGAJAMENTO COGNITIVO

Para entender a importância do engajamento cognitivo, precisamos retroceder cerca de doze mil anos. Sim, vamos revisitar nossos velhos amigos, os caçadores-coletores. Já falamos um pouco sobre como suas necessidades ajudaram a moldar nossos cérebros – e os moldaram de maneiras que foram evolutivamente preservadas até hoje.

Quando nossos ancestrais exploraram as florestas e as savanas, sua própria sobrevivência exigiu que eles desenvolvessem fortes habilidades de resolução de problemas. A capacidade de pensar com os próprios pés era um grande benefício. Vamos começar com a busca de alimentos suficientes para satisfazer você e seu grupo. Você precisaria ter um conhecimento superficial de plantas saciantes, bem como dos melhores lugares para encontrá-las. Pontos de bônus se elas fossem seguras para comer e saborosas para o paladar. Quando a caça fosse adicionada ao repertório, conhecer os hábitos dos animais que você estava tentando capturar também seria de grande utilidade para tentar alimentar a família. Mas não se podia descansar sobre os louros. As estações mudam, os padrões de migração mudam, os tempos mudam. Era preciso aprimorar a caça e a coleta para se manter alimentado. E, portanto, era preciso manter-se cognitivamente afiado, aumentando seu conhecimento e seu know-how para garantir que todos obtivessem o suficiente para comer.

O engajamento cognitivo oferece benefícios semelhantes quando se trata de evitar predadores na natureza. A sobrevivência exigiria a coleta e o armazenamento de informações importantes sobre o mundo ao seu redor. Ter uma memória afiada sobre os hábitos de perseguição de leões, tigres e outros vilões de dentes afiados ajudará a mantê-lo seguro. Compreender não apenas a aparência de cobras e aranhas venenosas, mas também o local onde elas se instalam, facilitará o afastamento delas. Depois, é só usar sua inteligência para dar um passo adiante mais longe, elevando as áreas de dormir do chão, mantendo as fogueiras acesas durante a noite e pintando olhos nos pontos de referência para que os predadores pensem que também estão sendo observados.

E você não pode se esquecer de envolver o cérebro para encontrar abrigo. É claro que, inicialmente, você pode ter tido a sorte de encontrar uma bela caverna ou uma formação de árvores bem posicionada para protegê-lo dos elementos. Mas, ao aprender a tecer aquelas longas gramíneas da savana em esteiras resistentes à água e usar madeira e pedras para cavar uma casa de fossa, você poderia proporcionar a si mesmo e à sua família um lugar muito mais substancial para descansar a cabeça.

Eu poderia continuar, mas a questão é que nossos cérebros aprenderam, se lembraram e continuaram a evoluir ao longo do tempo. Eles foram projetados para fazer exatamente isso. A própria neuroplasticidade, ou "modo de crescimento", sobre o qual falamos como sendo tão bom para a saúde mental, é a base do aprendizado. A capacidade inata do cérebro de se adaptar e mudar, de formar novas conexões sinápticas, é o que nos permite aprender o que precisamos para navegar no mundo ao nosso redor. Quando nos encontramos em uma posição em que não estamos mais aprendendo, nosso cérebro começa a estagnar. É aí que começam os problemas de saúde mental, bem como a neurodegeneração. Não estou dizendo que você precisa abrir mão de seus confortos e começar a viver fora da rede para maximizar a saúde do seu cérebro. Mas é importante lembrar que nosso cérebro gosta de um bom desafio. Quer isso envolva aprender algo novo, tentar resolver um bom quebra-cabeça ou mergulhar no último *best-seller*, o cérebro prospera quando conseguimos encontrar maneiras de mantê-lo engajado.

O QUE ESTÁ IMPEDINDO O ENGAJAMENTO COGNITIVO NO MUNDO MODERNO

Embora seja muito fácil apontar o dedo para a tecnologia como a culpada pela diminuição do envolvimento cognitivo – e certamente, com a queda das pontuações dos testes acadêmicos internacionais em correlação com a maior adoção de *smartphones*, muitos estão apresentando esse argumento – não é tão simples assim. Há muitos estudos que mostram que os jovens, em particular, que passam mais tempo nos dispositivos, tendem a se sair pior na escola e a ter mais problemas gerais com sua saúde mental. No entanto, acho que é importante dar um passo atrás. Os *smartphones* são uma ferramenta. E, como qualquer outra ferramenta, o que importa é o que fazemos com eles.

Hoje em dia, é raro quem não esteja sempre com o celular por perto. Usamos esses dispositivos mágicos para nos comunicarmos, navegarmos, pesquisarmos novamente, comprarmos, tirarmos fotos e vídeos, descobrirmos como descongelar um peru, lermos livros, assistirmos aos nossos programas favoritos, destravarmos nossos carros, jogarmos, monitorarmos nossos batimentos cardíacos, iluminarmos nosso caminho, descobrirmos onde nossos filhos estão e muito mais. Eles são um verdadeiro canivete suíço de aplicativos. E eles tornam as coisas incrivelmente fáceis e convenientes.

Por um lado, isso é ótimo. Você tem um balcão único em um pequeno dispositivo de três por cinco. Você pode se livrar de muitos esforços – e qualquer pessoa que já tenha pedido uma refeição quente pelo delivery depois de um dia difícil no escritório não entende o apelo. Por outro lado, deixar o telefone cuidar de todas as coisas difíceis nem sempre é útil quando se trata de envolver o cérebro. Nossos cérebros aprendem fazendo – e quando tentamos coisas novas, exploramos, resolvemos problemas e pensamos bem, nossos neurônios crescem e se conectam. Quando confiamos em nossos dispositivos para fazer essas conexões por nós, nossos cérebros, com o tempo, perdem.

Elise, por exemplo, impôs muito trabalho pesado em seus dispositivos. Ela fazia a maior parte de suas compras on-line, com uma lista de compras predefinida que era enviada instantaneamente para um serviço de entrega todos os sábados. Ela tinha um aplicativo que enviava flores automaticamente para sua mãe e irmã em seus aniversários. Ela tinha um dispositivo de assistente inteligente em casa que gerenciava tudo, desde o termostato até a televisão. Ela admitiu plenamente que dependia da tecnologia para pensar e ter menos trabalho.

"Não é esse o objetivo de todos esses aplicativos e dispositivos?", disse ela. "Para liberar sua largura de banda para outras coisas?"

Esse é exatamente o ponto que estou tentando mostrar. Ninguém diz que você deveria gastar seu precioso tempo livre procurando o número de telefone de uma floricultura ou fazendo compras no supermercado se não quiser. Mas se você está "liberando parte de sua capacidade cognitiva" com a tecnologia, a ideia é que você a preencha com outra coisa que faça seu cérebro trabalhar um pouco. Com muita frequência, graças à tecnologia, nossos mundos estão se tornando menores. Isso significa que há menos espaço para nossos cérebros se exercitarem. Isso precisa mudar.

RESERVAR TEMPO PARA UM EXERCÍCIO MENTAL

Na outra semana, minha esposa, Lucy, e eu fomos a uma aula de barre na cidade. Essa forma de exercício físico, que utiliza os movimentos básicos do balé e os adiciona a uma batida descolada, foi criada para fortalecer as pernas e o núcleo. Como ávido cavaleiro, eu estava procurando maneiras de fazer exatamente essas melhorias - e a comunidade on-line de cavalgadas tinha falado muito bem sobre o poder da barra para o equilíbrio e a força. Cerca de vinte minutos depois do início da aula, percebi que estava muito fora de meu elemento. Além de ser um dos dois únicos homens em uma turma repleta de mulheres muito coordenadas, eu nunca tinha movimentado meu corpo dessa maneira. Aqui estava eu, um homem um tanto magro, com 1m80, segurando a barra com um aperto mortal. Disseram-me para simplesmente apoiar as pontas dos dedos na barra para me equilibrar, mas, para não cair de cara no chão, eu a estava segurando com tanta força que havia a possibilidade de arrancá-la da parede. Quando o instrutor disse para começarmos a manobrar nossos corpos em direção ao chão, contando até quatro, enquanto balançávamos os quadris de um lado para o outro, talvez eu tenha me dissociado por um momento. Mas, de alguma forma, consegui assistir à aula inteira.

Mais tarde, ao pensar mais sobre a experiência, percebi uma coisa. Eu não estava apenas trabalhando meus glúteos (embora eu estivesse, de fato, trabalhando meus glúteos - e senti isso por dias depois). Eu também estava exercitando meu cérebro. Experimentar novos movimentos, em um novo ambiente, deu à minha saúde mental um verdadeiro impulso. Exercitar seu cérebro, seja nesse tipo de cenário ou em um completamente diferente, pode fazer o mesmo por você.

Não sou o único a perceber isso. Embora não existam muitos estudos que analisem os efeitos diretos do engajamento na saúde mental, psiquiatras e profissionais de saúde mental estão observando que as pessoas que participam de vários hobbies, bem como de atividades de aprendizagem ao longo da vida, recebem muitos benefícios para o cérebro. Isso levou o Serviço Nacional de Saúde do Reino Unido a recomendar que as pessoas que estão tentando melhorar o humor e o bem-estar geral aprendam novas habilidades, seja aprendendo a cozinhar ou trabalhando em um projeto do tipo "faça você mesmo", para aumentar a autoconfiança e a autoestima, além de se conectar com outras pessoas.

Os estudos existentes na literatura têm resultados bastante promissores - tanto que alguns membros da comunidade médica estão sugerindo que é hora de começarmos a prescrever o engajamento cognitivo aos nossos pacientes (ou pelo menos recomendá-lo sinceramente). Um estudo realizado em uma comunidade japonesa de adultos mais velhos descobriu que as pessoas que não tinham hobbies não apenas tinham maior probabilidade de obter uma pontuação mais alta em medidas de depressão, mas também riam com bem menos frequência do que as pessoas que dedicavam tempo a atividades como costura, modelagem ou música. Em 2019, pesquisadores da University College London fizeram uma análise de quase 9 mil pessoas, demonstrando que, controlando todas as outras variáveis, a adoção de um hobby estava associada a uma diminuição dos sintomas depressivos para as pessoas que os apresentavam, bem como a uma probabilidade 30% menor de sofrer depressão. Quando eles dividiram as diferentes atividades para analisar as contribuições dos fatores demográficos, variáveis relacionadas à saúde, hábitos de leitura, envolvimento social e atividade física, eles foram responsáveis por apenas cerca de um quarto do efeito. Setenta e sete por cento da associação pode ser atribuída ao prazer e ao envolvimento cognitivo do hobby em si.

Uma das melhores coisas sobre esse estudo é que não parece haver nada de especial em uma atividade em detrimento de outra. Você pode se dedicar ao hobby de que mais gosta. Você gosta de fazer crochê ou tricô? Vá em frente. Você gosta de pintar ou esculpir? Maravilhoso. Talvez você seja fã de arranjos de flores ou de fotografia. Se você estiver ativamente envolvido na atividade e gostar dela, ela será benéfica para você. Portanto, encontre seu doce.

Vale a pena mencionar que também há muitos benefícios em ser um aprendiz permanente. Esse é outro aspecto do engajamento cognitivo. É um aspecto sobre o qual talvez não falemos o suficiente – e, honestamente, quando você está realmente interessado em uma atividade específica, talvez não seja necessário. Se você gosta o suficiente do que está fazendo, é provável que esteja procurando novas maneiras de crescer e aprender. Você quer encontrar o próximo desafio para manter as coisas novas.

Isso também ajuda o cérebro a permanecer no modo de crescimento. E estudos na área de psicologia social mostram que os alunos que aprendem ao longo da vida, ou seja, pessoas que se motivam a continuar buscando voluntariamente habilidades e conhecimentos, independentemente da fase da vida em que se encontram, seja em um ambiente formal ou informal, apresentam uma série de benefícios psicossociais. Um estudo de trabalho de campo com alunos que aprendem ao longo da vida demonstrou que eles relataram maior bem-estar, com maior proteção e recuperação do estresse e de dificuldades de saúde mental. Eles tinham maior autoestima e autoeficácia, ou crença em suas próprias habilidades. Eles também tinham um senso mais forte de propósito e esperança. Todos esses aspectos ajudam a manter a aptidão mental a longo prazo.

Ao pensar em como adicionar um exercício mental à sua vida, é importante lembrar que, assim como o exercício físico, não existe uma abordagem única para todos. Se você fizesse uma pesquisa na Internet, provavelmente encontraria uma lista de exercícios para o cérebro que incluiria opções como sudoku e algum tipo de quebra-cabeça on-line. No entanto, o engajamento cognitivo vai além dos jogos on-line. O que você está procurando é algo que o desafie e dê ao seu cérebro a oportunidade de aprender e crescer. Para mim, isso foi fazer aulas regulares de barra, mesmo que eu fosse o patinho desajeitado em uma sala espelhada cheia de cisnes graciosos. Para outros, isso pode ser o desafio de ler todos os livros da lista dos grandes romances norte-americanos. Alguns podem se inscrever em um curso de marcenaria ou apicultura. Outros ainda podem decidir que finalmente chegou a hora de aprender um novo idioma ou de participar do coral local. Não se esqueça das possibilidades de uma boa aula de dança – como você deve se lembrar, pesquisadores australianos descobriram que essa é uma das melhores formas de exercício. Eles levantaram a hipótese de que um dos motivos pelos quais a dança era tão benéfica era o fato de que ela não apenas exercitava os músculos, mas também o cérebro.

Mas você pode decidir fazer o que quiser. O único requisito é que isso o envolva, o tire um pouco da sua zona de conforto e que você goste. Isso é o que ajudará a manter os circuitos cerebrais ativos, reduzir a inflamação e apoiar a aptidão mental a longo prazo.

CRIANDO UM MÉTODO PARA DESCOBRIR HOBBIES

Na infância, você provavelmente tinha vários hobbies. À medida que envelhecemos, muitas vezes deixamos essas atividades de lazer de lado em favor das coisas "importantes": trabalho e família. Nem sempre é tão fácil retomá-las. Se estiver tentando decidir como trazer mais engajamento para sua vida, sugiro criar um método para descobrir hobbies. Ao fazer a si mesmo algumas perguntas importantes, você pode começar a considerar diferentes opções para tentar.

1. De que tipos de atividades você gostava quando criança?
2. Você gosta de se socializar em grandes grupos? Ou prefere ambientes mais íntimos?
3. Que tipos de coisas seus amigos estão fazendo? Onde você poderia se juntar a eles?
4. Que tipos de atividades mais o relaxam?
5. Que tipos de atividades mais revigoram você?
6. Que atividades você sempre quis experimentar? Por que não o fez?
7. Quem em sua vida poderia ser seu companheiro de hobby?
8. Quais opções de hobbies você gostaria de experimentar? Quais incluem engajamento, atividade física e aspectos sociais?

AUMENTANDO SUA RESERVA COGNITIVA

O engajamento cognitivo também tem o benefício de desenvolver o que chamamos de reserva cognitiva. Não é uma coisa em si, mas a culminação de uma vida inteira de experiências que se juntam para ajudar a melhorar o desempenho cognitivo geral, além de proporcionar um pouco mais de resiliência cognitiva à medida que você envelhece. O ensino superior ajuda a aumentar a reserva cognitiva. O mesmo acontece com o fato de ser bilíngue. Tocar um instrumento musical também lhe dá um pouco mais de reserva cognitiva. Há muitas maneiras diferentes de obter esse pequeno impulso cognitivo extra – e isso é algo que você definitivamente deseja. Vários estudos demonstraram que a reserva cognitiva reduz o risco de comprometimento cognitivo leve e demência mais tarde na vida, mas também pode ajudar a atenuar os desafios que enfrentamos com o estresse e outros problemas de saúde mental mais cedo na vida. É por isso que o engajamento cognitivo também é um princípio fundamental do *Mental Fitness*.

É claro que, para desenvolver a aptidão mental, não é necessário começar a fazer sudoku todos os dias – a menos que essa seja a sua praia. Já vi pacientes que conseguiram expandir seu engajamento dançando tango, surfando, fazendo aulas de improvisação, viajando pelo país, escrevendo um romance e muito, muito mais. Embora seja fácil dizer que os benefícios de algumas dessas atividades podem ser devidos aos aspectos físicos ou sociais – e certamente, como na minha experiência com a aula de barra, eles provavelmente desempenham um papel –, os desafios mentais envolvidos na expansão de seus horizontes também são uma vantagem para a saúde mental. Quando você ajuda seu cérebro a criar novas conexões, você o ajuda a prosperar.

Elise, ficou imediatamente claro para mim, estava sentindo falta de engajamento cognitivo. Embora não fosse possível encontrar outro emprego que proporcionasse mais desafios mentais para ela, desenvolver atividades sociais que pudessem lhe dar um impulso mental tornou-se uma prioridade. Conversamos sobre coisas que ela poderia fazer que não apenas a tirariam de casa, mas também a fariam exercitar o cérebro. Quando ela mencionou que um amigo a convidou para um evento local de poesia, pedi que ela me contasse mais. Era a primeira vez em algum tempo que ela parecia remotamente interessada em um passeio social.

"É uma coisa semanal em uma cafeteria. Eles têm três poetas escolhidos que leem seus trabalhos", disse ela. "Mas qualquer pessoa pode ir lá e ler algo, se quiser."

"Você não fez muita poesia na faculdade como parte de sua especialização?" perguntei.

“Bem, sim”, disse ela. “Mas não escrevo nada há muito tempo.”

“O que a impede de escrever algo agora? Ou de ler algo que você escreveu quando estava na faculdade?”

Ela fez uma pausa por um momento. Pude ver que ela estava intrigada com a ideia de participar, mas também com um pouco de medo de entrar na briga.

“Eu nem saberia por onde começar com isso”, respondeu ela com certa hesitação.

“Talvez, nesta semana, você vá e ouça”, disse. “Depois, volte e leia algo mais tarde.”

Elise levou cerca de seis semanas – depois de participar da primeira leitura de poemas, ela se sentiu inspirada a escrever algo novo – mas subiu ao palco e leu seu poema.

“Achei que ia vomitar”, disse ela. “Mas quando consegui escrever, a resposta foi incrível.”

Em poucos meses, ela voltou a escrever regularmente, enchendo cadernos com novos poemas sempre que a inspiração surgia. Igualmente importante, Elise, que tinha sido uma leitora ávida durante a maior parte de sua vida, também estava folheando livros com regularidade. Nossas sessões mudaram radicalmente. Elas não eram mais repletas de comentários sobre como sua vida era chata e monótona.

Em vez disso, ela me contava sobre o novo livro que estava lendo ou sobre o poema em que estava trabalhando. Ela também estava fazendo planos para usar seu bom salário – e o sólido benefício de férias – para ir a um retiro de escritores no outono. Seu cérebro estava engajado, e isso estava rendendo dividendos.

Não há uma única maneira de aumentar sua reserva cognitiva. Os tipos de atividades que envolvem o cérebro e ativam os neurônios variam de pessoa para pessoa. O segredo é encontrar novos desafios que o interessem e promovam a criatividade e a flexibilidade cognitiva. Embora alguns digam para você aprender um instrumento musical ou começar a aprender um novo idioma (ambos são comprovados e verdadeiros para estimular o cérebro), nem sempre é tão claro. Recomendo que você procure atividades que ofereçam uma combinação de prazer, aspectos sociais e um pouco de desafio mental. Para Elise, isso era poesia. Para você, pode ser outra coisa.

Por exemplo, outro paciente meu, Adam, encontrou seu envolvimento cognitivo em uma aula de mecânica de automóveis. Adam ficou um pouco abatido depois que seu pai morreu. Seu pai tinha lhe deixado de herança um clássico Ford Mustang Shelby 1968. Infelizmente, o carro estava em um estado deplorável. Durante uma de nossas sessões, Adam contou como ele e seu pai sempre falavam sobre como iriam consertá-lo um dia.

"Sempre dissemos que faríamos isso", disse ele. "Mas nunca fizemos."

"Há alguma razão para você não poder fazer isso agora?" perguntei a ele.

"Não sei nada sobre carros", disse Adam. "Duvido que eu pudesse identificar um carburador sob coação."

"Você sempre pode aprender."

"Nunca fui muito bom nesse tipo de coisa típica de homens", disse ele. "Provavelmente não seria bom nisso."

"Na verdade, acho que você seria muito bom nisso", eu disse. "Só é preciso um pouco de tempo e concentração."

Cerca de um ano depois, Adam decidiu experimentar a mecânica de automóveis. Ele se inscreveu em um curso de mecânica em uma faculdade comunitária local. Não era um curso que o ajudaria a restaurar um carro clássico, mas poderia lhe ensinar o básico. E seus instrutores ficaram imediatamente impressionados ao saber que ele tinha uma joia escondida em sua garagem.

O que começou como um capricho para Adam tornou-se um hobby precioso. Era uma maneira de ele se sentir próximo do pai e de conhecer novas pessoas. Com o tempo, ele passou do básico para uma mecânica mais sofisticada. Por fim, ele consertou o Mustang. Isso se tornou um motivo de orgulho para ele. Ele se sentiu como se tivesse cumprido uma promessa não dita a seu pai – e, acredito, isso o ajudou a melhorar sua aptidão mental durante os anos difíceis que se seguiram ao falecimento de seu pai.

O engajamento cognitivo não é negociável. É imperativo que você se mantenha afiado – em qualquer idade. E ao procurar maneiras de aumentar seu próprio envolvimento cognitivo, o primeiro passo é realmente pensar no que você gosta de fazer. Porque há muitas maneiras diferentes de estimular o cérebro. Não há uma maneira correta de fazer isso.

Você pode se envolver consigo mesmo. Isso pode ser ler, escrever, montar quebra-cabeças, aprender um novo idioma, praticar um instrumento musical, resolver problemas matemáticos desafiadores ou trabalhar com madeira.

Você pode se envolver com instituições. Você pode fazer um curso, assistir a palestras em universidades ou museus, ir a apresentações ou concertos, fazer música com outras pessoas, viajar em grupo, ir a um clube de comédia ou trabalhar como voluntário em suas organizações favoritas.

Você pode se envolver com outras pessoas. Você pode se reunir com amigos para conversar, participar de um debate ou clube do livro, fazer um estudo religioso ou aula de discussão ou encontrar uma maneira de aprender sobre outras perspectivas.

Essa lista está longe de ser exaustiva e, certamente, você encontrará sobreposições com os outros princípios da aptidão mental. O truque é continuar se desafiando. Se você gosta de fazer caminhadas, não se limite às mesmas trilhas de sempre. Procure novas rotas para experimentar. Converse com outros caminhantes sobre suas trilhas favoritas. Participe de um grupo de caminhada local para tornar a atividade mais social. Se você gosta de quebra-cabeças, vá até a biblioteca para encontrar opções mais desafiadoras. Veja se eles sabem de algum encontro de quebra-cabeças na região. Experimente a aula de dança mais desafiadora. Planeje aquela viagem a Portugal. Fale com seu novo vizinho francês *em francês*.

Leia. Escreva. Aprenda. Ria. Explore. Abraçar. Dance. Desafie-se. Permita que seu cérebro se expanda e cresça – construindo seu condicionamento mental no processo. Sua saúde mental lhe agradecerá.

CAPÍTULO 9

Aterramento

Quando soube que me foi oferecida uma vaga de residência na cidade de Nova York, fiquei eufórico. Fiquei muito feliz por ter sido aceito no programa de Psiquiatria de Adultos da Universidade de Columbia. Adorei a ideia de me mudar para uma cidade grande e ruim. Esse fazendeiro de Indiana pretendia sair do campo e participar plenamente da cidade que nunca dorme.

Mas, passados alguns anos, o deslocamento diário entre o pequeno apartamento da minha família no West Village, até o Instituto Psiquiátrico do Estado de Nova York e depois para o meu consultório particular estava cobrando seu preço. Com a chegada da esposa e da filha bebê, percebi que estava vivendo uma existência de "caixa para caixa" – indo de um espaço interno para outro, com pouca exposição a áreas verdes ou à luz do sol. Todas aquelas luzes fluorescentes e o ar reciclado estavam me afetando. E eu sentia muita falta de poder sair e me perder na natureza.

Depois de passar um mês de verão em Indiana, na fazenda com minha família, percebi que queria algo diferente para nossa filha. Ela ainda era apenas uma criança pequena, mas, enquanto fazíamos as malas para voltar a Nova York, senti que estava roubando algo essencial dela. Crescer em uma fazenda me proporcionou uma forte ética de trabalho, um senso de autoeficácia e muitas aventuras divertidas. Percebi que queria que Greta tivesse as mesmas liberdades que eu tive quando criança e a mesma conexão com a natureza. Eu podia imaginá-la subindo em árvores, plantando sua própria horta e pegando girinos no lago da propriedade. Começamos a fazer planos para voltar a Indiana no verão seguinte. E no verão seguinte.

Só tomamos a decisão de voltar permanentemente para a fazenda quando nosso segundo filho, Forrest, começou a engatinhar. (Ele também começou a lutar contra a asma e os ruídos altos da cidade.) Embora a ideia de sair de Nova York não tenha sido fácil, depois de passar aquelas semanas no campo, parecia ser a coisa certa a fazer por nossos filhos. Uma maneira de tirá-los de uma existência interna de caixa a caixa – e nutrir seus corpos e cérebros em crescimento. Na época, eu não sabia, mas logo seria publicada uma série de estudos científicos que corroboravam minhas intuições.

Como você pode imaginar, não foram apenas nossos filhos que se beneficiaram. Encontrar maneiras de trazer mais natureza verde para a sua vida – para se ater ao passar tempo em lugares e espaços naturais – é uma ótima maneira de ajudar a cultivar a aptidão mental e curar o cérebro moderno.

A VIDA URBANA MODERNA

Atualmente, mais da metade da população mundial vive em uma cidade ou perto dela. As Nações Unidas esperam que, até 2050, esse número mais do que dobre – estimando que sete em cada dez pessoas residirão em uma área urbana. As projeções para os Estados Unidos sugerem que cerca de noventa por cento das pessoas acabarão por chamar a cidade, ou os subúrbios próximos, de lar. Isso faz sentido. Esses são os lugares onde você pode encontrar trabalho, infraestrutura médica, acesso a transporte e cultura – só para citar alguns dos benefícios de morar em uma cidade. Infelizmente, os ambientes urbanos modernos também podem afetar nossa saúde física e mental.

Vamos começar com o ruído. As cidades são notoriamente barulhentas – e as pessoas que vivem nelas são regularmente expostas a ruídos de oitenta e cinco decibéis ou mais, graças ao tráfego, à atividade industrial e aos centros de transporte. Esse é o som equivalente ao funcionamento de um liquidificador ou de um cortador de grama motorizado no mesmo cômodo. Esse nível de ruído não só pode levar a uma perda auditiva significativa ao longo do tempo – os especialistas recomendam que os níveis sonoros permaneçam abaixo de setenta decibéis normalmente e, se ultrapassarem oitenta e cinco, não devem permanecer por mais de uma hora –, mas também aumenta o risco de uma série de problemas de saúde que não têm nada a ver com seus ouvidos.

As pessoas que vivem em ambientes barulhentos regularmente têm problemas, inclusive distúrbios do sono e pressão alta. E, sim, elas correm um risco maior de desenvolver problemas de saúde mental, como ansiedade clínica e depressão. Portanto, não, você não estava exagerando quando pensou que o barulho alto da construção (ou a trilha sonora ensurdecedora do videogame do seu filho) estava fazendo você passar dos limites. Todo esse barulho extra pode realmente afetar nosso bem-estar físico e mental. Na verdade, a Organização Mundial da Saúde está trabalhando ativamente com as prefeituras de todo o mundo para criar políticas que ajudem a tornar as áreas urbanas mais agradáveis para os ouvidos. Enquanto isso, costumo recomendar que meus pacientes avaliem e diminuam o estímulo sonoro em suas vidas sempre que possível, usando fones de ouvido com cancelamento de ruído durante o trajeto de metrô ou simplesmente desligando a televisão durante as refeições.

O ruído não é o único fator ambiental nas cidades que pode afetar seus sistemas fisiológicos.

afetar seus sistemas fisiológicos. Considere toda a luz artificial a que você está exposto nas áreas urbanas. Luzes brilhantes são a norma em muitas partes da cidade – a Times Square de Nova York, por exemplo, é tão brilhante que os astronautas literalmente conseguiram fotografar a potência extra do espaço sideral. Embora todas essas luzes possam ser bonitas, assim como o ruído, elas podem causar estragos em seu sistema nervoso. Um estudo recente com mais de 85 mil pessoas demonstrou que a maior exposição à luz noturna estava correlacionada a um risco significativamente maior de depressão, ansiedade e uma série de outros transtornos de saúde mental.

Como já discutimos, nosso ritmo circadiano, o relógio interno do corpo que rege a vigília e o descanso, está ligado à escuridão. Mesmo há algumas centenas de anos, os seres humanos não viviam com luzes artificiais. Quando o sol se punha, íamos dormir. Embora você possa argumentar que a adição de luzes elétricas nos tornou muito mais produtivos como sociedade, isso teve um custo. Essa luz extra pode desregular seus ritmos circadianos e reduzir a produção natural de melatonina do seu corpo. Foi demonstrado que a exposição à luz ambiente, em comparação com a luz fraca, diminui a produção de melatonina pela metade! As luzes do ambiente também diminuem o início e a duração do efeito da melatonina.

Com esse ataque de ruído e luz artificial, o cérebro pode ter dificuldade para se desligar quando é hora de descansar. Seus sistemas de atenção permanecem em alerta máximo para ajudar a garantir que todos esses estímulos não sejam uma ameaça em potencial e, como resultado, sua qualidade de sono é prejudicada. Com o passar do tempo, mesmo que você pense, como muitos moradores urbanos, que é imune aos sons e às vistas da cidade, seu cérebro não está recebendo o que precisa para trabalhar da melhor forma possível. É mais difícil apoiar o descanso e a reposição de rotina. A produção do fator neurotrófico, mais conhecido como "fertilizante cerebral", diminui. A inflamação aumenta. O microbioma perde diversidade. E se você não encontrar uma maneira de lidar com esses fatores ambientais, sua saúde mental pode sofrer e sofrerá.

Esses fatores também podem afetar as pessoas que vivem nos subúrbios. Aqui, também, você pode estar sofrendo com o aumento do ruído e da luz artificial. Pode ser que você esteja se divertindo com os sons de um soprador de folhas em vez de uma britadeira. Além do ruído e da luz, é provável que os moradores dos subúrbios também estejam presos em uma situação de vida de caixa em caixa – movendo-se de sua casa para o carro, para o local de trabalho e depois de volta. Ensaboar, enxaguar, repetir, dia após dia, após dia.

Para curar o cérebro moderno, precisamos nos tornar um pouco antiquados. Precisamos começar a tirar proveito dos lugares que nos proporcionam espaço, tranquilidade e luz natural. Nosso cérebro se beneficia quando fazemos como nossos ancestrais – e voltamos regularmente para a natureza.

PROJETADO PARA O VERDE

Acredite ou não, mesmo que você seja um fã da vida na cidade, seu cérebro foi projetado para prosperar em espaços verdes. Em uma perspectiva evolutiva, isso faz sentido. Voltando alguns milhares de anos atrás, os seres humanos precisavam estar em sintonia com o ar livre para sobreviver. Precisávamos ser capazes de discernir predadores e presas nas gramíneas longas e altas e nas florestas densas que atravessávamos. Nossa capacidade de navegar ao ar livre nos ajudava a encontrar alimento e abrigo, além de evitar qualquer perigo potencial escondido nas ervas daninhas. Essas necessidades básicas – alimento, abrigo e segurança – moldaram nossos cérebros de maneiras que ainda hoje se mantêm.

Veja nossa visão. A retina humana, diretamente conectada ao cérebro, é calibrada para ver o verde. Esse espectro visível de cores, esses comprimentos de onda específicos entre os azuis e os vermelhos, está no centro de nossa faixa visual. Como resultado, é onde nossa percepção é melhor. Precisamos de menos recursos cognitivos para detectar movimentos ou ver algo escondido em tons de verde. Faz sentido: esse tipo de percepção seria vital para a sobrevivência humana. Ela nos ajudaria a encontrar comida, bem como a ficar longe de cobras venenosas ou outros predadores.

Nossa visão não é a única maneira pela qual os seres humanos evoluíram para promover a sobrevivência neste planeta. Nos últimos milhões de anos, desenvolvemos uma relação simbiótica com as plantas. *Precisamos* uns dos outros para nos mantermos vivos. Os seres humanos inspiram o oxigênio e exalam o dióxido de carbono. As plantas fazem exatamente o oposto. O subproduto da fotossíntese, o processo biológico básico que ajuda as plantas a crescer, é um elemento essencial para nosso próprio crescimento e sobrevivência. E, é claro, ter um suprimento constante de oxigênio desempenha um papel fundamental para manter seu cérebro saudável e em modo de crescimento.

Também vale a pena mencionar que as plantas nos fornecem mais do que apenas oxigênio. As árvores, por exemplo, liberam compostos exclusivos chamados *fitoncidas*. Esses compostos orgânicos antimicrobianos ajudam as plantas a combater doenças. Eles fazem o mesmo por nós. Quando respiramos esses compostos fascinantes junto com o oxigênio, eles provocam alterações em nosso sistema imunológico. Pesquisadores japoneses demonstraram que, quando os seres humanos passam algum tempo na floresta e são expostos a esses produtos químicos, isso melhora a função imunológica, aumentando o número de células especiais de combate ao sistema imunológico, chamadas *células assassinas naturais*. Esses são glóbulos brancos especiais que agem como assassinos mortais contra vírus e tumores, ajudando a nos manter em forma e saudáveis. É claro que, com o tempo, isso ajuda a reduzir a inflamação no corpo e em nosso cérebro.

ESTE É O SEU CÉREBRO NA NATUREZA

Ruth, uma moradora de Manhattan de sessenta e poucos anos, me procurou pela primeira vez alguns anos depois de perder o marido, Rob, para um câncer de pulmão agressivo. Quando ela e Rob começaram a namorar, eles geralmente pegavam um carro emprestado, faziam um piquenique gourmet e passavam o dia na praia de Montauk ou subindo a Bear Mountain. Mais tarde, a carreira e os filhos atrapalharam as viagens regulares para fora da cidade. Após a morte de Rob, Ruth se viu ainda mais isolada, sozinha com sua dor em um pequeno apartamento com aluguel estabilizado no centro da cidade. Embora ela tenha passado a maior parte de sua vida buscando a vida como artista, a necessidade de um seguro de saúde confiável a levou a aceitar um trabalho corporativo que ela não queria alguns anos antes da morte de Rob. Agora, ela me disse, ela saía do apartamento apenas para ir trabalhar.

A principal queixa de Ruth, durante sua primeira consulta, era a insônia. Ela era atormentada por pensamentos intrusivos sobre os últimos dias de seu marido, que estava definhando por causa dos tumores metastáticos que tinham invadido seu cérebro. Nos meses seguintes, à medida que ela se abria mais para me contar sobre sua carreira artística anterior, pude perceber que ela estava sofrendo mais do que apenas com o luto. Aquela vida de caixa a caixa também estava cobrando seu preço. Quando sugeri pela primeira vez que uma viagem para fora da cidade poderia ser benéfica, ela se recusou um pouco.

"O que eu faria sozinha?", perguntou. "Não é como se sair de casa fosse me curar da saudade do Rob."

Cerca de seis meses depois que Ruth começou a vir me visitar, minha família e eu voltamos para Indiana no verão. Foi a primeira viagem longa da minha filha para conhecer o lugar onde cresci – e planejamos ajudar meus pais e deixar Greta aproveitar todos os benefícios da natureza durante aqueles meses quentes. Eu também estava acompanhando a lista completa de pacientes em meu consultório. Graças às melhorias na conectividade com a internet, eu podia conversar com pacientes como Ruth por meio de chamadas de vídeo. Com essa nova visão da minha vida no campo, Ruth ficou mais curiosa.

"É a sua fazenda que está atrás de você?", perguntou ela. "Será que acabei de ouvir uma vaca mugindo?"

Sim e sim, respondi. Na semana seguinte, Ruth queria saber o que cultivávamos na fazenda. Não estávamos mais gastando nosso tempo nos concentrando em sua dor e isolamento. De repente, ela queria falar sobre os meandros da canção noturna de Indiana. Quando o sol se pôs, a sinfonia do canto dos pássaros e das rãs das árvores chamou a atenção de Ruth. "Não é nada parecido com isso no interior do estado", disse ela. "Pelo menos não que eu me lembre."

Quando mencionei que achava interessante o fato de Ruth continuar falando sobre a natureza durante nossas conversas, tanto em relação à saudade de Rob quanto ao que ela mais sentia falta em suas atividades artísticas, ela ficou quieta. Pensei que talvez eu a tivesse pressionado demais. Mas, na semana seguinte, tive uma surpresa. Ruth me contou, entusiasmada, sobre uma viagem improvisada de trinta quilômetros ao norte da cidade, para Cold Spring, Nova York, para fazer uma caminhada. Ela levou sua câmera e começou a tirar fotos. Embora ela estivesse um pouco ansiosa por ir para a natureza por conta própria, aquela primeira caminhada inspirou uma segunda. Depois, uma terceira. Em pouco tempo, ela estava fazendo viagens regulares para as montanhas e para a praia. Em seis meses, ela fez o impensável para uma nova-iorquina obstinada: comprou um Subaru Outback usado para poder sair da cidade sempre que tivesse vontade.

"Há algo em estar ao ar livre que parece *certo*", disse ela. "Eu me sinto tão vibrante e viva. Algo desperta em mim. E tirar essas fotos realmente me colocou de volta em contato com meu lado criativo. Eu nunca pensei que teria isso novamente sem o Rob."

Há todo tipo de coisa que pode acontecer para trazer estresse indevido para nossas vidas. Mas quando privamos nosso cérebro da natureza por períodos prolongados, fica mais difícil controlar esse estresse. As luzes, o barulho, as multidões – todos esses são ambientes que podem colocar nossos sistemas fisiológicos em alerta máximo. Isso pode exacerbar os sintomas de depressão ou ansiedade. Mas não estamos condenados a viver uma vida de desespero estressante. Sempre temos o poder de sair de casa. A natureza está em toda parte.

RETORNO À FLORESTA

Estou dizendo que é hora de sair do seu apartamento na cidade e comprar um rancho no meio de Lugar Nenhum, Montana? Não. (Quero dizer, a menos que você realmente queira fazê-lo.) Mas cultivar a aptidão mental deve envolver o aumento de sua exposição ao ar livre.

Em meu consultório na cidade de Nova York, muitos de meus pacientes tinham uma relação com a natureza muito diferente da que eu tinha quando era criança. Enquanto eu ajudava meu pai a plantar árvores e a remover ervas daninhas dos jardins, a maioria dos meus pacientes via a natureza apenas como o clima ou um passeio no parque. Não pude deixar de notar, entretanto, que quando eles saíam da cidade, geralmente para uma viagem à praia, sentiam-se *diferentes*. Um paciente, um jovem de trinta e poucos anos, contou-me como estava surpreso com o fato de o som das ondas ser tão relaxante.

"Relaxei pela primeira vez em meses", ele me disse. "Inicialmente, eu nem queria fazer a viagem, mas foi simplesmente inacreditável." Outros falavam poeticamente sobre as folhas no norte do estado durante os meses de outono – ou sobre o brilho da neve ao sol quando se dirigiam às montanhas para esquiar. Estar ao ar livre os fez sentir algo diferente. Não se trata apenas do fato de terem se desconectado, mas eles se conectaram a algo muito curativo.

Embora seja muito fácil dizer que isso foi simplesmente um subproduto de uma pausa muito necessária (e tenho certeza de que isso teve um papel importante), as pesquisas mais recentes sugerem que estar ao ar livre é bom para a saúde mental. Estudos que comparam a saúde mental de pessoas que são regularmente expostas a espaços verdes mostram que elas têm um risco reduzido de depressão e ansiedade em comparação com aquelas que se mantêm em ambientes estritamente urbanos. Outras pesquisas sugerem que as pessoas que já foram diagnosticadas com um problema de saúde mental podem observar uma melhora em seus sintomas quando saem de casa regularmente – e alguns estudos colocam os resultados de curto prazo no mesmo nível das intervenções testadas de terapia conversação. Atualmente, há dezenas de profissionais de saúde mental que prescrevem tempo ao ar livre em espaços verdes ou azuis – um novo campo conhecido como ecoterapia.

Embora não seja prático dizer aos meus pacientes para tirarem mais férias, posso recomendar que passem mais tempo ao ar livre, fazendo caminhadas no parque em dias agradáveis ou reservando algum tempo nos fins de semana para explorar as excelentes oportunidades naturais fora dos cinco distritos da cidade. Como um rapaz do interior que escolheu a cidade de Nova York como lar por tantos anos, parecia um pouco estranho pensar que o lugar de onde eu tinha vindo, a América rural, poderia conter alguns dos segredos da saúde mental de meus pacientes. Mas era difícil ignorar que era disso que muitas pessoas que eu atendia precisavam. Ainda mais quando percebi que os pacientes que aceitavam minhas sugestões de passar mais tempo ao ar livre se beneficiavam tremendamente. Eles estavam usando esse tempo em ambientes naturais para melhorar seu condicionamento mental.

O SOM SUAVE DA CANÇÃO NOTURNA

Quando soubemos que minha esposa estava grávida do nosso segundo filho, percebemos que nosso pequeno apartamento no West Village não seria mais adequado para nós. Enquanto procurávamos um novo lugar para morar, examinei cada apartamento em potencial com o objetivo de encontrar o lar ideal para uma família em crescimento. Voltar para Indiana não estava nos planos naquele momento, mas achei que poderíamos ter dois quartos, talvez três, e um lugar com muita luz natural e algum espaço ao ar livre. Encontramos um ótimo apartamento de dois quartos na Ninety-Seventh Street, do outro lado da rua do Central Park. Ele mal cabia em nosso orçamento – e não tinha vista para o parque –, mas considerei que tínhamos sorte por estarmos perto de mais de 320 hectares de espaço ao ar livre.

Na primeira noite, quando comecei a dormir, fui acordado pelo familiar aviso sonoro do metrô próximo, seguido rapidamente pela voz abafada que anunciava a chegada do trem C. Mesmo com as janelas fechadas, ouvi trem após trem fazendo sua parada na estação da esquina. Fiquei imaginando como não tinha percebido essa falha quando olhamos o apartamento e imediatamente pedi um conjunto de máquinas de ruído branco para ser instalado.

Quando chegou o verão, voltamos para Indiana – era junho, pouco antes do nascimento de nosso filho Forrest. Depois de dias brincando ao ar livre, Greta adormecia imediatamente, cansada de toda a diversão. E quando a noite se estendia diante de mim e de minha esposa, eu me via relaxado com a música noturna. Todos os sons de pássaros e sapos que tanto cativavam Ruth de longe se tornaram a canção de ninar noturna da minha família. Embora às vezes eu tivesse dificuldade para dormir em Nova York, nunca tive esse problema em Indiana.

Acontece que os sons da natureza são soporíferos, ou seja, induzem ao sono. Quando os pesquisadores tocaram sons da natureza, como a canção noturna, para pacientes na unidade de tratamento coronariano, descobriram que, como pura silêncio, eles melhoraram significativamente a qualidade do sono. Os participantes do estudo relataram mais tempo de sono e menos despertares noturnos.

Você já me ouviu falar sobre a importância da qualidade do sono para a aptidão mental. Quando você encontrar maneiras de incluir algumas canções noturnas em sua rotina, seja por meio de gravações, uma noite acampando sob as estrelas ou uma janela aberta nas montanhas, ficará surpreso com a rapidez com que seu corpo – e sua mente – se aquietará.

ATERRISSANDO

Na minha infância em Indiana, passei muito tempo com as mãos na terra. Eu não apenas ajudava meus pais em diversas tarefas na fazenda, mas também tinha meu próprio jardim. Era algo que eu sempre gostei. A magia de ver algo que você plantou a partir de uma semente crescer e se tornar uma planta completa. O orgulho de colher tomates ou alface – e depois servi-los no jantar. Quando minha família se mudou de volta para Indiana, imediatamente comecei uma nova horta e passei grande parte do pouco tempo livre que eu tinha fazendo compostagem, construindo canteiros elevados e persuadindo as mudas a se tornarem alimentos bons e saudáveis. Isso me fez sentir bem.

Meu trabalho na terra também estava melhorando minha saúde mental – de maneiras que talvez você não esperasse.

As pesquisas mais recentes mostram que os ambientes naturais, incluindo florestas e praias, enchem o ar com moléculas poderosas chamadas íons negativos. Os íons negativos são moléculas com uma abundância de elétrons – daí o nome – mas, como se vê, eles desempenham um papel bastante positivo na saúde do cérebro. Várias pesquisas demonstraram que a exposição a essas moléculas aumenta a produção de serotonina, um neurotransmissor associado à regulação do humor. Além disso, as pessoas que são expostas com mais frequência a íons negativos apresentam melhor humor e saúde mental. Embora os pesquisadores não tenham certeza exata de *como* os íons negativos fazem esse tipo de mágica do humor, há evidências suficientes para sugerir que estar ao ar livre em ambientes naturais é neuroprotetor e pode ajudar a melhorar a saúde mental.

Você também encontra esses íons negativos na própria sujeira. E quando você participa do ato de "aterramento", que é simplesmente andar descalço ao ar livre ou sujar as mãos no jardim, todos esses elétrons extras podem ajudar a trazer equilíbrio ao corpo. Estudos sugerem que o aterramento pode melhorar o sono, reduzir o estresse e até mesmo melhorar a resposta imunológica. Também foi demonstrado que melhora o humor. De fato, um estudo de 2015 descobriu que o aterramento, quando comparado a uma intervenção como o aterramento sem nenhum contato com a terra, melhorou significativamente o humor dos indivíduos após uma única hora. Outros estudos mostraram que esse simples ato de tocar a terra tem efeitos anti-inflamatórios poderosos. Andar descalço é um dos meus aspectos favoritos da vida na fazenda.

Embora nem todos nós possamos necessariamente colocar uma grande horta do lado de fora de nossas portas, há maneiras de obter os benefícios do aterramento, mesmo em um ambiente urbano. Você pode encher um vaso de janela com suas flores favoritas ou trazer plantas domésticas para sua casa.

Hoje em dia, é possível encontrar até mesmo minijardins legais que permitem não apenas entrar em contato com a terra, mas também cultivar verduras ou legumes saudáveis em uma pequena cozinha.

Isso só mostra que, quando você está trabalhando para melhorar seu condicionamento mental, nem sempre precisa ir até a natureza – você também pode trazer a natureza até você.

Veja o caso do Hospital Eskenazi em Indianápolis. Há muito tempo, os hospitais são conhecidos como locais estéreis, barulhentos e que induzem ao estresse. Definitivamente, não é um lugar onde a maioria das pessoas vai para relaxar. No entanto, com estudos de pesquisa mostrando que a presença de espaços verdes nos hospitais leva a melhores resultados para os pacientes, incluindo tempos de recuperação mais curtos após a cirurgia e menos uso de medicamentos para dor, sem mencionar os índices mais baixos de estresse dos pacientes e da equipe, o hospital investiu na criação do Commonground, um espaço verde ao ar livre que atua no ponto de entrada do hospital. A praça tem uma fonte, muitas plantas e um mercado semanal de agricultores para a equipe do hospital. Até mesmo os pacientes que só têm a visão desse local pela janela se beneficiam de sua proximidade. O *Mental Fitness* pede que cada um de nós seja ousado como os líderes do Eskenazi Hospital e traga mais natureza para nossa experiência. Veja o caso de Jason, um jovem de trinta e poucos anos que me procurou para ajudá-lo a lidar com seu transtorno de ansiedade generalizada. Ele odiava o ar livre. Simplesmente *odiava*. Jason passava a maior parte de suas horas de folga sentado no sofá jogando videogame. Ele não gostava nem mesmo de sair para jantar. Pedia que lhe entregassem comida para viagem na porta de casa. Quando, durante uma de nossas sessões, ele expressou o desejo de mais interação humana, perguntei-lhe o que o impedia de sair para encontrar os amigos ou participar de uma atividade em que pudesse conhecer novas pessoas.

"Estão trabalhando na fachada de tijolos do meu prédio agora", disse ele rapidamente. "Não quero respirar toda aquela poeira".

Algumas semanas depois, sugeri que saíssemos novamente. Dessa vez, Jason disse que estava preocupado com o fato de que sair de casa poderia causar um surto de alergia. Eu poderia ter pensado que Jason era agorafóbico, mas ele não tinha escrúpulos em sair de seu apartamento todos os dias e pegar o metrô para ir ao trabalho. Ele simplesmente não tinha interesse em ficar ao ar livre pelo simples fato de estar ao ar livre. Logo ficou claro para mim que, se eu não conseguisse convencer o Jason a ir a um *happy hour* com os colegas depois do trabalho, ele provavelmente não sairia para uma viagem à praia ou ao interior do estado. Quando eu disse isso, ele riu.

"Eu pareço um cara que gosta de atividades ao ar livre para você?", disse ele. "Definitivamente, não sou alguém que vai acampar."

Mas ele estava, aparentemente, aberto a compartilhar sua casa com uma planta doméstica.

Naquele Natal, a mãe de Jason lhe enviou um lírio da paz. Ela achava que isso daria um pouco de calor ao apartamento dele e, além disso, acrescentou que é quase impossível matá-los. Por alguma razão, Jason se afeiçoou à flor. Ele cuidava dela e até a chamava de Lily, como se fosse uma colega de quarto. Com toda a honestidade, ela até que era. Em poucos meses, ele trouxe mais algumas plantas para casa. Todas elas também receberam nomes – e uma boa dose de carinho do Jason. Quando eu lhe disse que estava surpreso por ele estar gostando de cuidar dessas plantas, ele foi comedido.

"Eu gosto delas", disse ele com um sorriso. "Cuidar delas me relaxa. E, talvez pareça um pouco engraçado dizer isso, mas elas são ótimos ouvintes."

Mais um ano se passou e os sintomas de ansiedade de Jason diminuíram significativamente. Ele ficou sabendo que seu prédio tinha uma horta comunitária nas proximidades. Começou a se reunir com vários vizinhos em um fim de semana por mês, plantando tomates, manjericão e algumas plantas perenes em flor. O que começou como um pouco de verde em sua própria casa fez com que ele encontrasse mais tempo para passar ao ar livre, sem precisar acampar. Foi uma vitória para sua saúde mental geral.

UMA RECEITA AO AR LIVRE PARA A APTIDÃO MENTAL

No Japão, onde as pessoas levam uma vida ativa e de alta qualidade até os anos dourados, muitas pessoas praticam *o shinrin-yoku*, ou banho de floresta. Essa prática, que entrou em voga na década de 1980, não requer uma barraca ou mesmo botas de caminhada. É simplesmente o ato de caminhar em qualquer ambiente natural, respirar profundamente e estar conscientemente presente no espaço. Assim como outros estudos que examinam os efeitos da natureza sobre a fisiologia humana, os pesquisadores descobriram que o *shinrin-yoku* é um antídoto incrível contra o esgotamento urbano e a vida em um ambiente fechado. Estudos mostram que ele está associado a melhorias na pressão arterial, na função imunológica e no humor.

Embora você possa encontrar vários tipos diferentes de passeios guiados *de shinrin-yoku* até mesmo neste lado do Pacífico, você pode obter todos os benefícios dos espaços verdes por conta própria. Uma das melhores coisas sobre a ecoterapia é que basta um pequeno impulso no espaço verde para causar um grande impacto. Tudo isso pode começar com uma caminhada de uma hora fora de casa.

Há muito tempo se sabe que uma boa caminhada pode ajudar as pessoas a gerenciar o estresse. Mas, ao que parece, caminhar em um ambiente mais natural pode trazer benefícios extras. Quando pesquisadores do Instituto Max Planck da Alemanha compararam imagens de ressonância magnética dos cérebros de 63 pessoas após uma caminhada de uma hora em uma rua urbana movimentada com uma caminhada na floresta, eles descobriram que caminhar na floresta ajudava a manter as regiões estressantes do cérebro, como a amígdala, em um nível mais equilibrado. A desativação da amígdala foi tão acentuada que os pesquisadores argumentam que uma caminhada na floresta pode funcionar como uma "medida preventiva" para apoiar o bem-estar mental e emocional.

Você nem precisa dirigir até o interior do estado para fazer essa caminhada. Você pode ir ao parque local. E se apenas caminhar parecer muito entediante, você pode combinar seu tempo em espaços verdes ou azuis com outras atividades interessantes. Participe de um grupo local de observação de pássaros. Faça geocaching ou jogue um jogo ao ar livre com seus filhos. Planeje um piquenique. Ou siga o exemplo de Ruth. Ela agora se juntou a um coletivo artístico que faz viagens regulares para o interior do estado. Eles fazem caminhadas, conversam sobre a situação do mundo e procuram a floresta ou a praia para obter um pouco mais de inspiração artística. Você também pode seguir o caminho de Jason para a ecoterapia. Compre uma planta para você ou envolva-se em uma horta comunitária. Aproveite o que os espaços verdes e azuis próximos a você têm a oferecer.

A ecoterapia, seja por meio de aterramento, jardinagem ou banhos na floresta, é um benefício para a aptidão mental. Encontrar maneiras de se conectar com a natureza traz uma sensação de calma e significado. Também é uma ótima maneira de deixar a agitação da vida moderna para trás e simplesmente desacelerar. Isso lembra ao nosso sistema nervoso que fomos criados para fazer mais do que apenas nos perdermos em nossas telas e no estresse. Curar o cérebro moderno significa dar à mente mais do que ela precisa para prosperar e, nesse caso, isso significa descansar. O tempo gasto em espaços verdes e azuis pode proporcionar exatamente isso e, como resultado, levar à redução da inflamação, à melhora do humor e à melhora geral da saúde mental.

MUDANÇA CLIMÁTICA E SAÚDE MENTAL

Eu seria negligente se não mencionasse que a mudança climática está fazendo mais do que prejudicar nosso meio ambiente – ela também está perturbando nossa saúde física e mental coletiva. A fumaça dos incêndios florestais, o mofo das enchentes e a ansiedade geral do último desastre causado pela mudança climática estão afetando a maneira como nos sentimos. É por isso que a Associação Americana de Psicologia não só publicou um relatório em 2017 discutindo os perigos da mudança climática sobre a saúde física, mental e comunitária das pessoas, mas também fundou um Conselho sobre Mudança Climática para ajudar os profissionais de saúde mental a entender os impactos de um planeta em aquecimento e procurar maneiras de ajudar as pessoas afetadas por esse problema contínuo para ajudar os profissionais de saúde mental a entender os impactos do aquecimento do planeta e procurar maneiras de ajudar as pessoas que foram afetadas por esse problema contínuo.

Menciono isso porque, ao pensar no poder da Mãe Natureza para desenvolver a aptidão mental, é imperativo que também trabalhemos para protegê-la. A quantidade crescente de ansiedade em relação às mudanças climáticas corrobora a ideia de que o aterramento é parte integrante da saúde mental. Estar na natureza pode ajudar a lidar com o pavor existencial que pode se infiltrar na mente, especialmente à medida que envelhecemos. Quando entendemos a conexão fundamental entre a saúde mental e a vida ao ar livre, podemos ser mais proativos em relação às pequenas mudanças que podem ajudar a conter os desastres climáticos.

CAPÍTULO 10

Desabafo

Sofia passou a maior parte de sua vida sendo a guardiã de seu irmão. Nicolas tinha nascido com paralisia cerebral, uma doença congênita que afeta a função motora. Embora Nicolas conseguisse andar com a ajuda de dispositivos auxiliares de mobilidade especialmente projetados, ele tinha uma dificuldade incrível com o equilíbrio e caía com frequência, causando lesões significativas. O pior aconteceu quando Nicolas tinha cerca de oito anos de idade. Ele escorregou ao tentar subir algumas escadas, o que resultou em uma fratura exposta no braço e em uma concussão. Como era de se esperar, a mãe de Sofia estava muito, muito preocupada com a necessidade de alguém estar sempre de olho em Nicolas. E, com três outros irmãos na casa, essa tarefa geralmente recaía sobre Sofia, a mais velha.

"Eu realmente não me importei muito. Nicolas sempre foi uma alegria", disse ela. "Mas comecei a perceber, provavelmente por volta dos meus quinze anos, que grande parte da ansiedade da minha mãe em relação a ele – se ele estava bem, se estava piorando, se tinha amigos na escola, como seria a vida dele depois que eu me formasse no ensino médio – estava se refletindo em mim."

Sofia optou por estudar em uma universidade próxima para que pudesse estar perto o suficiente para ajudar nos cuidados com Nicolas. Mas, com o passar do tempo, ela percebeu que sua ansiedade estava aumentando. E não era apenas por causa de Nicolas.

A ansiedade estava, como ela descreveu, crescendo como um campo de força e começando a engolir quase todas as outras áreas de sua vida. Ela sentia isso com mais intensidade quando começava a namorar alguém na escola.

"No início do meu último ano, ele começou a falar em se casar após a formatura e tudo o que eu conseguia pensar era: 'Como vou me casar? Quem vai ajudar com o Nicolas?', disse ela. "O cara era ótimo – e também era ótimo com

Nicolas e minha família – mas a ideia de seguir em frente e formar minha própria família era demais. Isso me dominou. E a ideia de ter meus próprios filhos? Era simplesmente aterrorizante. Toda essa ideia me colocou em uma situação em que eu mal conseguia lidar com ele".

Em poucas semanas, o namorado já era. E, na década seguinte, Sofia me disse que manteve a maioria de seus relacionamentos à distância, muito apreensiva para deixar que alguém fora de sua família imediata se aproximasse demais. Então, inesperadamente, ela conheceu um homem com quem se via construindo um futuro, mas logo percebeu que isso só seria possível se ela conseguisse encontrar uma maneira de controlar sua ansiedade. Foi então que ela decidiu marcar uma consulta comigo.

"Preciso resolver isso", disse ela. "O que estou fazendo não está mais funcionando – e não posso continuar carregando comigo toda essa preocupação, ansiedade e coisas antigas. Isso vai assustar qualquer pessoa que valha a pena manter por perto."

À distância, é muito fácil entender de onde veio a ansiedade de Sofia. De certa forma, esse nível de ansiedade pode até ter sido benéfico para fornecer a Nicolas o tipo certo de cuidado. Mas isso não estava ajudando na vida de Sofia *agora*. A vida fora da casa da família, com uma carreira nos negócios e de olho no futuro. O peso de todos aqueles antigos sentimentos de ansiedade estava interferindo na sua capacidade de se conectar, crescer e prosperar nesse novo mundo onde ela agora queria prosperar. Isso, como você pode imaginar, estava afetando sua saúde mental em geral.

Mas é importante entender que não é só a ansiedade que pode ser um fardo. Qualquer emoção, problema ou trauma não processado pode nos sobrecarregar. E muitos de nós carregamos sentimentos ou experiências antigas que impedem nossa paz e bem-estar. Podemos tê-los enterrado profundamente (ou pelo menos pensar que os enterramos), mas cultivar a aptidão mental envolve garantir que essas diferentes preocupações sejam trazidas à tona. Precisamos encontrar maneiras de processá-las e gerenciá-las para que não prejudiquem nossa saúde física e mental.

A aptidão mental exige que encontremos uma maneira de nos aliviar.

NARRATIVAS MODERNAS E PADRÕES DE TRATAMENTO

Quando você ouve falar em "saúde mental", que imagens lhe vêm à mente? É um sofá de couro de aparência confortável em um escritório cheio de livros de medicina? É um terapeuta sentado do outro lado da sala, com sua caneta riscando um bloco de notas amarelo enquanto diz "Hum..." enquanto você fala sobre sua mãe? Talvez você imagine uma série de comerciais de medicamentos.

O contexto moderno da assistência à saúde mental e as narrativas que envolvem a terapia e o tratamento evoluíram radicalmente nas últimas décadas. Mas ainda há inconsistências, equívocos e imprecisões que podem dificultar e confundir as pessoas que buscam ajuda para obter as informações de que precisam. Portanto, vamos dar uma olhada por trás da cortina para ver o que estamos fazendo agora e, principalmente, o que está faltando.

Digamos que você não esteja se sentindo bem mentalmente. Está cansado. Você está com o cérebro embaçado. Não tem motivação. Sair da cama é difícil. Seus pensamentos estão cheios de preocupações. Todos esses sintomas se alinham com os sintomas de depressão ou ansiedade, portanto, são bastante claros. Entretanto, as estatísticas mostram que a maioria das pessoas que sofrem desses sintomas não procura ajuda. Vemos que as pessoas não procuram tratamento até que algo se torne um problema grave. Às vezes, mesmo assim, estudos mostram que também não é muito provável que você marque uma consulta com um psiquiatra ou terapeuta. Surpreendentemente, os ginecologistas-obstetras são os médicos mais propensos a fazer triagem de problemas de saúde mental, seguidos pelos médicos de família em geral. E se eles souberem que você está experimentando alguns desses sintomas, eles podem lhe oferecer uma receita, ou sugerir que você procure um profissional de saúde mental ou um psiquiatra como eu para fazer uma terapia de conversação.

A terapia da conversa funciona por meio de, bem, conversas. É isso que você provavelmente está imaginando quando pensa em tratamento de saúde mental. Tony Soprano em uma sala conversando com seu médico, tudo de forma a avançar o enredo da segunda temporada. Entretanto, a maioria das relações de terapia de conversação entre médico e paciente dura, em média, apenas oito sessões. A duração da terapia realmente depende do tipo de terapia, do que o paciente está enfrentando e de quais são os objetivos do tratamento.

A psicoterapia ou terapia da fala é algo muito próximo e caro para mim, tanto como profissional quanto como paciente. Foi uma ferramenta que eu mesmo utilizei no início da faculdade de medicina para controlar meu estresse e melhorar meu humor. Isso me ajudou a entender melhor minha própria mente e como eu abordava diferentes situações. Hoje, quando me encontro com os pacientes, meu foco é realmente entender mais sobre quem eles são, ouvir sobre os tipos de coisas que eles geralmente não discutem com outras pessoas, o funcionamento interno de suas mentes, quais são seus medos e quais são seus sonhos. A terapia da fala, em sua essência, é encontrar palavras para os sentimentos. Ela nos permite aprender a expressar e comunicar melhor nosso mundo interior a outras pessoas e a dar sentido a todas as emoções que todos os seres humanos têm. Na psicoterapia, podemos ajudar os pacientes a tratar de questões fundamentais relacionadas à autoestima e à confiança, ou a lidar com relacionamentos difíceis, decidindo como você deseja proceder ou qual a melhor forma de se comunicar com seu parceiro ou com seu chefe. A psicoterapia também nos ajuda a resolver alguns dos conflitos que todas as pessoas têm, entre nossas esperanças e nossos sonhos e as realidades de nossa vida. A psicoterapia realmente lhe dá uma estrutura ou espaço para explorar melhor e entender quem você é. Com Sofia, a psicoterapia lhe proporcionou um espaço seguro para entender melhor as raízes de sua ansiedade – e como administrá-la melhor para que não fosse um impedimento para seus relacionamentos futuros.

Entender o processo terapêutico nem sempre é fácil. Existem muitos tipos diferentes de psicoterapia e diferentes profissionais adotam abordagens diferentes. Mas o que eu gostaria de deixar claro é que há muitas evidências que mostram que, quando você trabalha com um profissional com o qual se sente bem, alguém com quem possa ser aberto e honesto, é provável que você apresente uma melhora em seus sintomas de depressão e ansiedade.

Infelizmente, a terapia da conversa nem sempre é uma opção para todos. O mundo moderno – e o sistema de saúde moderno – nem sempre facilitam a liberação do nosso peso emocional.

DESCARREGAR-SE NO MUNDO MODERNO

Supõe-se que os seres humanos modernos sejam fortes, capazes e imunes a traumas, sejam eles *traumas* com T maiúsculo ou não. Mas mesmo que queiramos lidar com as coisas que aconteceram ou estão acontecendo conosco, isso pode ser um desafio. Para começar, conforme observado pelo médico e autor canadense Gabor Maté, nossa sociedade simplesmente não está preparada para atender às necessidades básicas de desenvolvimento do ser humano, muito menos para nos dar o apoio necessário para nos recuperarmos de um trauma. Em segundo lugar, os Estados Unidos estão passando por uma escassez sem precedentes de terapeutas de saúde comportamental – e a falta de psicólogos licenciados, assistentes sociais licenciados e psiquiatras significa que muitas pessoas estão tendo de esperar um tempo ridiculamente longo até mesmo por uma sessão rudimentar de terapia de conversação. E, se você conseguir encontrar uma consulta, é provável que tenha de pagar do próprio bolso por ela. Até mesmo a Casa Branca deu o alarme sobre o ônus econômico envolvido na obtenção de cuidados adequados de saúde mental nos Estados Unidos. Esse é um problema enorme que torna o acesso ao tratamento de saúde mental um desafio constante para pessoas com recursos limitados.

É de se admirar que, com esses fatores em jogo, tenhamos nos tornado tão adeptos a enterrar nossos sentimentos? Em primeiro lugar, não deveríamos tê-los. Se admitirmos que os temos, geralmente não temos para onde ir para lidar com eles. Em vez disso, fingimos que, se os mantivermos abaixo da superfície, podemos simplesmente ignorá-los com segurança. E, às vezes, por um tempo, podemos. Só que nosso sistema nervoso não nos permite continuar assim indefinidamente. Esses sentimentos têm o hábito de aparecer quando menos esperamos. E eles podem causar estragos em nossos relacionamentos e experiências se não tomarmos cuidado. É por isso que a desobrigação precisa ser mais uma prioridade.

Infelizmente, as mesmas coisas que tornam tão difícil nos desapegarmos de nós mesmos são as razões pelas quais é ainda mais imperativo que encontremos maneiras de fazê-lo. Todos nós temos nossa bagagem – não é possível passar pela vida sem adquirir alguma. Todos nós temos nossa bagagem – não é possível passar pela vida sem adquirir alguma – e, portanto, é importante encontrar maneiras de estar mais ciente de como o seu passado pode estar afetando a maneira como você lida com o seu presente. Além disso, a adoção de pequenas estratégias para se livrar do fardo permitirá que você chegue a um ponto em que suas experiências anteriores não interfiram no controle do seu futuro.

Isso começa com a compreensão do poder das experiências adversas.

ENTENDENDO O PODER DAS EXPERIÊNCIAS ADVERSAS

Na década de 1980, Vincent Felitti, MD, fundou o Departamento de Medicina Preventiva da Kaiser Permanente, uma organização integrada de assistência médica gerenciada na Califórnia. O departamento estava trabalhando em um novo programa de tratamento da obesidade para ajudar os pacientes a perder peso e melhorar sua saúde física. O programa também estava funcionando. Muitas pessoas no programa estavam conseguindo perder peso com novas intervenções baseadas em evidências. Mas, para surpresa e consternação do Dr. Felitti, muitos dos pacientes, apesar do progresso, estavam abandonando o programa e voltando a ganhar peso imediatamente. Quando ele e seus colegas entraram em contato com esses pacientes para tentar entender o motivo, descobriram algo chocante: o início da obesidade para a grande maioria dos desistentes do programa estava ligado a experiências adversas na infância, inclusive abuso físico e sexual.

Felitti continuou ouvindo os mesmos tipos de histórias repetidamente e, depois de relatá-las a outros médicos em um Encontro Nacional de Obesidade em 1990, ele se conectou com Robert Anda, MD, um pesquisador dos Centros de Controle e Prevenção de Doenças. Felitti e Anda conduziriam a maior investigação sobre experiências adversas na infância (ECA) e como elas afetaram a saúde e o bem-estar na vida adulta, usando dados de mais de 17 mil participantes de todos os Estados Unidos. Eles descobriram que, quando as crianças são expostas a experiências adversas na infância, que podem incluir abuso infantil, negligência, violência doméstica, abuso de substâncias por membros da família ou outros estressores traumáticos, como divórcio, um pai preso, doença mental ou *bullying*, o risco de desenvolver problemas de saúde física ou mental mais tarde aumenta significativamente. Além disso, a quanto mais ECAs uma criança é exposta, mais aumenta o risco de problemas crônicos de saúde, assim como o risco de morte precoce.

Sofia não considerava sua infância traumática – e, ao que parece, quando perguntados diretamente, muitas das pessoas pesquisadas no estudo ECAs, a menos que tenham sido expostas ao pior dos piores abusos, também não pensavam assim. No entanto, algumas das experiências de Sofia se enquadram nas categorias de ECA. Como Nicolas exigia muitos cuidados, suas necessidades emocionais eram frequentemente ignoradas. Embora, como adulta, ela tenha entendido completamente por que tinha de ser assim – sua mãe tinha pouco tempo e energia –, ela admitiu que muitas vezes se sentiu emocionalmente negligenciada quando era mais jovem. Mas ela teve que aprender a lidar com isso. Ela aprendeu rapidamente que tinha de ser mais uma "adulta" na casa quando a maioria de seus amigos ainda podia ser criança. Era necessário ajudar no funcionamento da casa.

A ansiedade da mãe de Sofia também era generalizada, a ponto de Sofia uma vez descrevê-la para mim como "infectando a casa". Isso também pode ser considerado um ECA. Mesmo que você não tenha sido submetido aos horrores de um abuso físico ou sexual, pode haver problemas da sua infância ou educação que, aparentemente, parecem benignos, mas que ainda precisam de um pouco de processamento para que você possa ter uma aptidão mental ideal.

Por exemplo, tenho outro cliente, Patrick, que se sente incrivelmente desconfortável quando se trata de finanças pessoais, apesar de ter um emprego excelente e bem remunerado na área de tecnologia. Ele se sente muito desconfortável ao conversar com sua esposa sobre o orçamento doméstico. Ele se recusa a olhar ou pagar qualquer conta. Quando sua família recentemente decidiu reformar a cozinha, ele se esforçou para evitar ir ao banco para assinar a papelada de um empréstimo para financiamento da casa própria – deixando sua esposa bastante irritada, pois ele perdia compromissos atrás de compromissos. Quando perguntei por que ele estava tão reticente em lidar com questões financeiras, a princípio ele se esquivou da pergunta.

"Não é meu trabalho ganhar dinheiro?", disse ele. "Estou contando com minha esposa para administrar o dinheiro. Não vejo por que tenho que me envolver. Já estou bastante ocupado com meu trabalho."

Mas, à medida que conversávamos mais nos meses seguintes, fiquei sabendo que Patrick vinha de um passado bastante pobre. Seu pai teve dificuldades para manter um emprego durante toda a sua infância e sua mãe estava sempre fazendo trabalhos extras para tentar pagar as contas. Ele se lembra de uma vez em que sua mãe vestiu ele e suas irmãs com suas roupas de domingo para ir ao banco. Eles haviam atrasado o pagamento da hipoteca e sua mãe estava pedindo um pouco de paciência até conseguir pagar a diferença. Ele me disse que foi profundamente humilhante e não foi a única vez que sua mãe usou a família para pedir clemência financeira. De repente, a ideia de evitar uma ida ao banco para assinar a papelada do empréstimo não parecia mais tão estranha.

"Sua esposa sabe disso?" perguntei a ele. "Ela não quer saber dessas coisas."

"Isso pode ajudá-la a entendê-lo melhor – e por que você pode ser um pouco reticente em se envolver com as finanças."

Levou algum tempo, mas começamos a conversar sobre as maneiras pelas quais ele poderia se comunicar sobre dinheiro. Mas, expondo-se um pouco de cada vez – uma nota pequena aqui, um extrato bancário ali – ele aprendeu a se sentir mais confortável com o assunto. E a entender que seu sistema nervoso estava reagindo ao *passado*, não ao presente.

PREVENÇÃO DE EXPOSIÇÃO E RESPOSTA

Todos nós estamos sujeitos a preocupações ou associações recorrentes que podem nos levar a agir de forma estranha às vezes. Vale a pena estar ciente delas e dedicar tempo para entender de onde vêm esses sentimentos. Se você se pegar voltando a um momento no tempo, como se a agulha de um toca-discos ficasse presa em uma determinada faixa, tocando-a repetidamente, isso é um indício de que você pode ter algo que precisa resolver.

Para Patrick, eram questões financeiras. Para outro paciente, David, era tudo sobre namoro. Depois de terminar um relacionamento de quase uma década, David tinha séria ansiedade social para voltar a namorar. Conversamos sobre isso por um bom tempo. Examinamos seus medos e por que ele se sentia tão nervoso em voltar a namorar. Até discutimos o que ele deveria escrever em seu perfil de namoro on-line. Mas chega um ponto em que é hora de parar de falar e começar a fazer – e simplesmente reconhecer que, especialmente no início, o namoro vai ser desconfortável.

Vamos encarar os fatos: a vida, às vezes, será desconfortável. Se você esperar que tudo seja confortável, nunca conseguirá realizar nada. Essa é parte da base da terapia de exposição e prevenção de resposta (ERP), um tipo de terapia comportamental que é frequentemente usada para tratar o transtorno obsessivo-compulsivo (TOC) e a ansiedade. A ideia é simples: você expõe gradualmente as pessoas a situações com as quais elas se sentem um pouco reticentes em um ambiente seguro para ajudá-las a desenvolver habilidades de enfrentamento para lidar melhor com elas.

Com David, nossa abordagem de ERP começou de forma bastante simples. Pedi a ele que enviasse uma mensagem a alguém que parecesse interessante em seu aplicativo de namoro. Embora isso o deixasse um pouco ansioso, conversamos sobre esses sentimentos, por que ele os estava experimentando e como controlá-los. Quando ele sentiu que estava em um ponto em que podia enviar mensagens confortavelmente para as pessoas no site de relacionamentos, passamos para a Segunda Etapa: marcar um encontro para o café da tarde. A ideia da ERP é aumentar a exposição a algo que possa estar lhe causando ansiedade, reconhecer por que esses sentimentos podem estar presentes e trabalhar com eles. Embora, no início, David tenha achado o exercício um pouco assustador, ele continuou. Agora, seis meses depois, ele está nadando em encontros. E ele sabe que precisa continuar conhecendo novas pessoas até encontrar alguém com quem sinta que pode se comprometer. Na maioria das vezes, o ERP é feito estritamente com um terapeuta para orientar você. Mas, cada vez mais, vejo amigos e familiares fazendo sua própria forma de ERP para diminuir a carga de sua bagagem. Um amigo tinha um problema de fala quando era criança e sofria *bullying* sem dó nem piedade por causa disso. Ele sempre teve dificuldades para falar em público. Recentemente, fez uma mudança de carreira que exigiu que ele fizesse mais apresentações presenciais. Ele percebeu que, para aproveitar ao máximo seu novo emprego, teria de descobrir como superar seu medo de falar em público. Decidiu entrar para a Toastmasters International, uma organização educacional sem fins lucrativos que ajuda as pessoas a desenvolver habilidades de falar em público.

"Passei meses sem dizer uma palavra, Drew", ele me disse. "Eu me sentava à mesa e ficava apenas ouvindo. Mas, finalmente, decidi que precisava tentar. Fui até lá e fiz meu pequeno discurso. Tentei incorporar todas as dicas e truques sobre os quais eles haviam falado nas reuniões. E quando terminei – você sabe, eu poderia aprender a gostar de todos aqueles aplausos."

Como em qualquer outra área da saúde mental, não há uma única maneira de aliviar o peso emocional. Você pode encontrar o que funciona para você. Para alguns, isso significa ir a um conselheiro de saúde mental. Para outros, isso pode significar encontrar aquele grupo de Toastmasters ou finalmente ter uma conversa aberta e honesta com seu parceiro sobre por que um determinado tópico pode ser tão desagradável. Mas tudo começa com o autoconhecimento. Entender que existem algumas pessoas e situações que colocam seu sistema nervoso em alerta máximo e podem exigir que você dê um passo atrás, respire fundo (ou dez) e faça o que for necessário para enfrentar essas circunstâncias com compreensão e graça.

Dois anos depois de iniciar a terapia, a ansiedade de Sofia está bem controlada. Ela se casou com aquele cara fantástico – e eles estão esperando o primeiro filho. De vez em quando, ela tem um lampejo de preocupação, mas tem um arsenal de ferramentas para ajudar a trazer seu sistema nervoso de volta à linha de base. Reservar um tempo para aliviar o peso não foi fácil, mas foi essencial para ajudá-la a promover sua própria aptidão mental.

Sem dúvida, será igualmente essencial para ajudá-lo a promover a sua também.

CAPÍTULO 11

Propósito

Parecia que Maia tinha trabalhado a vida inteira para esse único momento: fazer residência. Ela sempre foi uma pessoa de alto desempenho, mesmo durante seus anos de escola primária. Estava sempre no quadro de honra, levava para casa os prêmios mais importantes em competições de debate e feiras de ciências, e era convidada a participar de acampamentos acadêmicos apenas para convidados todos os verões. Ela se formou como a melhor de sua turma no ensino médio com o objetivo de ingressar em uma universidade de elite. Acabou escolhendo entre três escolas da Ivy League e selecionou a que tinha o programa de pré-medicina mais condecorado. Depois de concluir o bacharelado, ela foi imediatamente aceita em uma prestigiada escola de medicina, onde mais uma vez se formou com louvor. Ela tinha dedicado oito anos de sua vida ao ensino superior, passando a maior parte do tempo na biblioteca ou no hospital. O ponto culminante desses anos a levou a este exato momento. Sentada em seu pequeno apartamento em uma manhã de segunda-feira, ela atualizava repetidamente seu e-mail para ver se tinha conseguido entrar na próxima etapa que precisaria tomar para se tornar uma cirurgiã: uma vaga em um programa de residência cirúrgica altamente competitivo na cidade de Nova York.

"Meus pais estavam no FaceTime me apoiando", disse ela. "E quando os resultados apareceram e mostraram que eu era compatível, eles ficaram muito empolgados. Meu pai estava gritando como estava orgulhoso. Minha mãe estava chorando de alegria. E eu senti... nada."

Essa falta de sentimento é o motivo pelo qual seus pais a enviaram para me ver. Eles não conseguiam entender por que Maia não estava radiante com sua mais recente conquista. Mas, enquanto conversávamos, ficou claro que muito do que ela tinha conquistado ao longo dos anos tinha sido estimulado por motivação extrínseca. Isso significa que ela se esforçava tanto para agradar aos pais, aos professores e à comunidade, mas não necessariamente para agradar a si mesma. Desde cedo, as pessoas esperavam que ela fizesse grandes coisas. Depois de gastar tanto tempo e esforço para alcançar o que deveria ser seu "sonho", ela percebeu que estava em um impasse. Ela não queria participar desse programa de residência. Não queria ser cirurgiã. O problema é que ela não tinha certeza do que queria fazer. Depois de seguir o exemplo de todos os outros por tanto tempo, Maia percebeu que não tinha um propósito.

Como médico, sei que há muitos motivos pelos quais as pessoas decidem seguir uma carreira na medicina. Alguns são chamados para as artes da cura porque querem fazer um trabalho em que possam melhorar a vida de outras pessoas. Mas há outras que acabam no campo porque seguem um passo de altíssimo desempenho após o outro. Com muita frequência, quando chegam ao topo dessa escada de conquistas, olham para baixo e não sabem ao certo como chegaram lá. Isso é mais comum do que você imagina, e o padrão não ocorre apenas na medicina. Isso também ocorre em outras áreas importantes. Infelizmente, muitos não têm a autoconsciência para perceber que pode haver um problema. Eles simplesmente continuam fazendo o que sempre fizeram, mesmo que o trabalho que estão fazendo não seja adequado. Mas outros, como Maia, percebem que algo está errado. E, acredite, ela está longe de ser a única pessoa que acabou sentada à minha frente, perguntando-se como acabou vivendo a vida particular que está vivendo atualmente. Elas estão procurando *mais*, algum tipo de força motriz para ajudá-las a seguir em frente.

Elas estão buscando um senso de propósito.

Sem dúvida, se você já passou algum tempo olhando as estantes de livros de autoajuda ou pensando em autoaperfeiçoamento, você está familiarizado com a ideia de propósito – e por que ela é tão importante para viver uma vida boa. O poeta transcendentalista Ralph Waldo Emerson escreveu certa vez: "O propósito da vida não é ser feliz. É ser útil, ser honrado, ser compassivo, fazer com que o fato de você ter vivido e vivido bem faça alguma diferença". Sempre gostei dessa citação, embora ela não seja exatamente um guia de como encontrar uma maneira de viver bem. Portanto, se pressionado, eu diria que, em sua forma mais simples, o propósito é apenas um objetivo central e organizador da vida. Um senso de direção ou uma definição de intenção, se preferir. O psiquiatra austríaco Viktor Frankl, em seu livro *Em busca de sentido*, acreditava que encontrar o propósito de alguém era a força motriz para viver uma vida significativa.

Em muitos círculos, o propósito é visto como um conceito espiritual ou religioso. Certamente pode ser, se a religião ou a espiritualidade for algo em que você se baseia como uma bússola para guiá-lo ao tomar decisões, interagir com outras pessoas e seguir seu caminho no mundo. Mas o propósito pode ser igualmente benéfico para aqueles de nós que não têm o mesmo tipo de estrutura espiritual. Nesses casos, geralmente é um senso coeso de direção e de servir a algo maior que o eu que ajuda a dar à sua vida um senso de valor e significado. E isso também pode ajudar a orientar suas ações e decisões. Você só não precisa atribuir esses valores a um dogma específico. Mas a questão é a seguinte: com ou sem uma doutrina ou denominação específica, pesquisas descobriram que ter um propósito ajuda a melhorar a saúde física e mental.

Para começar, o propósito parece ajudar a aumentar a longevidade. Um grupo de epidemiologistas da Escola de Saúde Pública da Universidade de Boston, da Escola de Saúde Pública Harvard T. H. Chan e do Lee Kum Sheung Center for Health and Happiness da Universidade da Colúmbia Britânica decidiu analisar os dados do *Health and Retirement Study*, um conjunto de dados exclusivo de mais de 13 mil indivíduos com mais de cinquenta anos de idade de todos os Estados Unidos. No início do estudo, todos os participantes receberam uma métrica chamada Ryff Psychological Wellbeing Scale ("Escala de bem-estar psicológico Ryff"). Essa métrica inclui sete perguntas em relação ao propósito, com afirmações como "Algumas pessoas vagueiam sem rumo pela vida, mas eu não sou uma delas e não tenho uma boa noção do que estou tentando realizar em minha vida". Os entrevistados classificaram cada afirmação usando uma escala Likert de 6 pontos, em que 1 significa "discordo totalmente" e 6 é igual a "concordo totalmente". As respostas foram então reunidas para criar uma pontuação média de senso de propósito. Quando os pesquisadores analisaram os dados, descobriram que ter uma pontuação média de propósito mais alta estava associado a um menor risco de mortalidade, por qualquer causa. Isso, sugeriram os autores, pode significar que o propósito pode ser um "ativo de saúde" para as pessoas, especialmente à medida que envelhecem.

Ao que parece, o propósito não traz benefícios apenas para a saúde física. Pesquisadores australianos analisaram a relação entre propósito e saúde mental – particularmente diagnósticos de depressão e ansiedade – por meio de uma meta-análise de estudos na literatura científica. Em uma ampla gama de estudos, eles descobriram que, quando os indivíduos relatavam ter um propósito maior na vida, eles tinham menos probabilidade de sofrer de depressão e ansiedade. Os psicólogos argumentam que o propósito pode atuar como um amortecedor para as pessoas e ajudá-las a serem mais resistentes.

Há também algumas evidências que sugerem que ele pode proporcionar uma espécie de amortecedor biológico literal. O projeto Midlife in the United States Neuroscience (MIDUS), que analisa os efeitos da meia-idade no cérebro, descobriu que ter um senso de propósito está associado a mudanças distintas que parecem promover a resiliência e a saúde geral do cérebro. Pesquisadores da Universidade de Wisconsin-Madison, usando imagens de ressonância magnética ponderada por difusão, que permite uma visão detalhada das características microestruturais do cérebro, mostraram que as pessoas que relatam viver com um propósito têm um aumento da substância branca, que está associada a uma melhor memória e condução de sinais. Elas também apresentam uma atividade mais saudável no hipocampo, a região do cérebro associada ao aprendizado e à memória. Outros estudos ainda demonstraram que o propósito está ligado ao aumento da reserva cognitiva, que, como discutimos no Capítulo 8, também desempenha um papel fundamental na aptidão mental geral.

O projeto MIDUS também descobriu que o propósito também ajuda as pessoas a gerenciar melhor os estressores do dia a dia – todos aqueles pequenos aborrecimentos diários que, às vezes, podem nos deixar para baixo. Mesmo em dias estressantes, as pessoas com um senso de propósito relatam melhor humor e menos sintomas físicos relacionados ao estresse em comparação com as pessoas sem esse senso. Outros estudos demonstraram que, mesmo em jovens, o propósito funciona como um amortecedor em tempos difíceis, como a pandemia de Covid-19 ou a grande recessão na Grécia, para ajudar as pessoas a vislumbrarem dias melhores à frente.

ONDE POSSO ENCONTRAR MEU PROPÓSITO?

A esta altura, sem dúvida, você, assim como eu, está convencido das vantagens de ter um senso de propósito. Mas talvez esteja se perguntando como, exatamente, encontrar um objetivo se ainda não o tiver. Como alguém que, de tempos em tempos, teve que dar um passo para trás e dar uma boa olhada nas forças orientadoras de minha própria vida, sei que nem sempre é fácil encontrar esse sistema de navegação interior. O propósito evolui como todos nós, com o passar do tempo e, muitas vezes, ao refletirmos sobre eventos poderosos em nossas vidas.

Os filósofos lhe diriam que a necessidade humana de obter um propósito é parte da necessidade do cérebro de dar sentido ao mundo ao nosso redor. Isso faz muito sentido para mim. O cérebro, afinal, precisa processar uma quantidade enorme de informações. Sempre que pudermos adicionar algum tipo de filtro que o ajude a separar o joio do trigo, podemos ajudá-lo a trabalhar com muito mais eficiência. Acho que o desejo do cérebro de ter esse tipo de peneira perceptual adicional pode ser outra razão pela qual muitos de nós lutamos para encontrar nosso próprio senso de propósito. O mundo, às vezes, pode parecer um lugar bastante horrível. E como consumimos notícias terríveis atrás de notícias terríveis, lidamos com traumas não processados e, de modo geral, lidamos com um ambiente que parece repleto de perigos, às vezes pode ser um desafio acreditar que há um propósito para, bem, qualquer coisa. O mundo moderno – e a introdução da tecnologia moderna – significa que sabemos como o mundo é vasto e como as pessoas podem ser terríveis umas com as outras. Somos distraídos pela enormidade do que está ao nosso redor e, entre a rolagem da desgraça, as tentativas de acompanhar os Joneses e o medo de ficar de fora (*fear of missing out*, FOMO), às vezes pode ser difícil descobrir onde devemos concentrar nossa energia. Isso pode levar a uma séria sensação de inércia – pode parecer que não há lugar onde qualquer quantidade de esforço fará diferença. Mas é importante mencionar que há outra coisa que o mundo moderno está fazendo conosco que interfere em encontrarmos nosso propósito. Hoje em dia, muitos de nós passamos a maior parte do tempo concentrados fora, em vez de dentro.

À medida que Maia e eu conversávamos mais, ficou muito claro que a maior parte de sua vida foi vivida para obter a aprovação dos outros. Isso ia além do desempenho acadêmico. Até mesmo sua vida social tendia a girar em torno do que os outros achavam que era melhor para ela. Ela namorava pessoas que pertenciam às mesmas organizações sociais e religiosas que seus pais. Mesmo quando foi para a escola, ela gravitava em torno desses mesmos tipos de grupos. Na época, ela teria dito que se sentiam seguros e acolhedores, mas agora, segundo ela, percebeu que eram apenas mais fáceis – e que provocariam menos perguntas e julgamentos da família.

"O que você teria feito de diferente, você acha?"

"Eu não sei."

"Bem, se você não quer fazer essa residência, o que você quer? O que a anima na vida?"

Maia ficou em silêncio por alguns instantes.

"Não sei se realmente já me fiz essa pergunta", disse ela. "Na verdade, não sei se *alguém* já me fez essa pergunta. Sei o que meus pais queriam para mim. Sei do que meus professores achavam que eu era capaz. Eu sabia o que deveria fazer. Mas o que eu quero? Acho que isso é algo em que preciso começar a me concentrar."

Eu concordei. Porque, embora nem sempre seja fácil ou aparente, o propósito de uma pessoa – e não existe uma abordagem única para encontrá-lo – é um componente vital para a saúde do cérebro e o bem-estar geral. Portanto, como resultado, cultivar a aptidão mental envolve encontrar o seu.

ENCONTRE SEU PROPÓSITO, ENCONTRE SEU CAMINHO

O propósito é um assunto que surge com frequência entre muitos de meus pacientes e, considerando seus benefícios para a saúde e o bem-estar, vale a pena falar sobre ele. Mas até eu devo admitir que é um assunto bastante pesado. E, ao tentar destilar os conselhos que dou aos meus pacientes, gostaria de adverti-lo a filtrar o que digo por meio de suas próprias lentes. Você deve sempre adaptar minhas recomendações às suas próprias metas e circunstâncias específicas. Como eu já disse, não existe uma abordagem única para todos os propósitos. Alguns de vocês encontrarão lampejos de propósito por meio de suas instituições religiosas ou práticas espirituais. Outros encontrarão um caminho a seguir por meio de atos de serviço ou de seus pontos fortes. Outros, ainda, encontrarão essa direção interior ao se dedicarem à autoconsciência ou buscarem mentores ou modelos de conduta. Talvez seu caminho para o propósito envolva uma combinação de todos os itens acima.

Mas sugiro que todos comecem com uma única pergunta: "O que posso fazer para viver uma vida que me dê mais prazer?".

Pode parecer, à primeira vista, uma pergunta muito simples. Talvez até um tanto egoísta e hedonista. Mas, no final das contas, a resposta a essa pergunta é onde seu propósito – seja ele qual for – reside. É assim que você vive uma vida com significado. É assim que você vive uma vida que deseja abraçar plenamente.

No início, Maia não conseguia me dizer o que mais queria da vida. Mas ela podia me dizer o que *não queria*. Ela não queria uma carreira em cirurgia. Não queria continuar em uma carreira acelerada e supercompetitiva. Mas quando a conversa foi para o que ela poderia fazer para viver uma vida que a agradasse mais, ela tinha muito mais a dizer.

"Eu realmente adoro trabalhar com pacientes. Uma das coisas que mais me aborrecem na cirurgia é que você não passa tempo de verdade conversando com os pacientes. Você os conhece, faz o procedimento, faz um acompanhamento rápido, mas eles sempre têm muitos outros problemas que você não está em condições de resolver", disse ela.

À medida que conversávamos sobre o que ela gostava na faculdade de medicina, ela me contava histórias incríveis sobre seu estágio em geriatria. Ficou claro que Maia realmente adorava trabalhar com a população idosa e ajudá-la em suas necessidades físicas e mentais. Não demorou muito para que ela percebesse que poderia continuar na medicina nesse tipo de função. Seria algo que ela não apenas apreciaria, mas também seria uma forma de sentir que poderia oferecer o tipo de atendimento holístico aos pacientes que faria uma diferença real em suas vidas. Mas mudar de especialidade médica não é uma tarefa fácil. Isso exigiria mais tempo e treinamento. Nos meses seguintes, Maia recebeu muita resistência, não apenas de sua família, mas também de seus mentores na faculdade de medicina. Isso exigiu que ela desse um passo atrás e fizesse um grande exame de consciência sobre o que realmente queria.

A busca por um propósito nem sempre é direta – ou mesmo linear. As coisas que achamos que queremos desesperadamente nem sempre são tão gratificantes quanto achamos que deveriam ser (ou quanto nossos pais acham que deveriam ser). Pode ser desafiador e complicado olhar profundamente para dentro de nós e descobrir o que realmente nos motiva. Mas vale a pena o tempo e o esforço.

Portanto, ao se perguntar o que você pode fazer para viver uma vida que lhe dê mais prazer, eu daria mais alguns conselhos. Primeiro, concentre-se no processo de que você gosta. Ao ouvir meus pacientes encontrarem seu senso de propósito, parece que ele gira em torno de um processo. Alguns adoram negociar. Outros adoram ver seus alunos aprenderem novos conceitos de matemática. Eu perco a noção do tempo quando cuido de plantas, animais e pessoas. Maia se sentia mais atraída pelo processo de explorar os complexos problemas médicos de seus pacientes do que pelo processo controlado e circunscrito de realizar uma cirurgia. Encontre seu processo para encontrar seu propósito. Aposto que ele o levará ao lugar certo.

Em segundo lugar, seu propósito não precisa ser algo grande e abrangente. As pessoas geralmente pensam que o propósito precisa ser algo como "salvar o mundo" ou "eliminar as emissões de gases de efeito estufa". Essas são buscas nobres, com certeza. Mas também o é ser um vizinho confiável ou um pai presente. Você precisa encontrar o propósito que o guiará em sua vida diária.

Terceiro, seu propósito pode mudar, e provavelmente mudará, com o tempo. Como qualquer outra coisa na vida, ele será um tanto dinâmico. Por fim, seu propósito nem sempre será imediatamente claro. Isso pode ser muito frustrante e perturbador. Para muitas pessoas, inclusive eu, a definição de seu caminho às vezes requer uma pausa nesses períodos desafiadores. Reserve um tempo para pensar sobre onde você está, onde gosta de colocar seu tempo e energia a serviço de alguma coisa. Desde que esteja olhando para dentro de si e ouvindo o que precisa, você deve ser capaz de descobrir o que precisa para guiá-lo. Mas as respostas nem sempre surgem instantaneamente. Infelizmente, elas raramente aparecem. Você merece algum tempo para pensar sobre onde seus esforços levaram a sentimentos de satisfação, conexão e calma. Uma vida dedicada a aptidão mental exige que você abra espaço para o significado.

SOBRE SEGUIR SUA PAIXÃO

Não faltam livros, podcasts e influenciadores digitais no mundo que o incentivarão a seguir sua paixão – e dirão que suas paixões são parte integrante de seu propósito maior. Tenho uma opinião um pouco diferente da maioria quando se trata de "paixões". Principalmente pelo fato de que, de modo geral, a maioria das paixões tende a se esgotar de forma rápida e furiosa e, por fim, levar ao esgotamento.

Mais uma vez, seu propósito não precisa ser algo amplo e abrangente. Em minha experiência, o propósito mais significativo... e, com isso, quero dizer que os tipos de propósito que oferecem mais direção, resiliência e gratificação são realmente muito pequenos e pessoais. Há um velho ditado que diz: se você quer mudar o mundo, comece em seu próprio quintal. Acho que o propósito funciona em uma escala semelhante. Se você está procurando esse objetivo central e organizador para direcioná-lo pessoalmente, profissionalmente, em seus relacionamentos, em sua comunidade ou de qualquer outra forma, comece a procurá-lo em seu próprio círculo. Quanto mais penso em definir minhas próprias intenções na vida – e quanto mais falo com pacientes como Maia e outros –, mais acredito que o propósito é, na verdade, reparar os padrões relacionais quebrados em nossas vidas que nos impedem de criar e manter conexões com os outros. Quando podemos encontrar o espaço e a aceitação para sermos nós mesmos e sermos abertos sobre o que queremos e precisamos. Quando pudermos ajudar as pessoas ao nosso redor a se sentirem seguras e bem-vindas para fazer o mesmo.

A verdade é que o propósito é, na melhor das hipóteses, um conceito enigmático. E eu não posso lhe dizer qual é o seu propósito, assim como você não pode me dizer qual é o meu. Mas você pode continuar voltando à pergunta, como eu faço: "O que posso fazer para viver uma vida que me dê mais prazer?".

Uma maneira de começar é, como nos ensinaram na residência, "seguir o afeto". Enquanto treinávamos para nos tornar psiquiatras, nossos mentores nos ensinaram que, muitas vezes, o mais importante não é *o que* nossos pacientes nos dizem, mas os sentimentos com os quais eles expressam. Quando suas palavras vêm acompanhadas de muita emoção, é hora de prestar atenção. Eu diria que, ao considerar o seu propósito, vale a pena também prestar atenção aos afetos. O que você faz em sua vida que lhe traz sentimentos de satisfação e prazer? Quando temos clareza sobre nosso propósito, temos esses sentimentos. Somos mais decisivos em relação a nossos valores e metas. Ao buscar seu propósito, observe as coisas em sua vida que lhe trazem paz e direção. Talvez isso aconteça por você fazer parte de uma instituição espiritual. Talvez você se sinta assim quando é voluntário em uma determinada organização. Ou talvez eles estejam mais presentes quando você está trabalhando para atingir metas específicas no trabalho ou com sua família.

Muitas pessoas buscam um propósito como se ele estivesse lá fora, *em algum lugar*. Como se ele fosse aparecer magicamente do éter. Em minha experiência, tanto no trabalho com pacientes quanto em minha própria vida, o propósito é mais frequentemente encontrado dentro dos limites de sua vida diária – nas atividades cotidianas bem à sua frente. Por exemplo, pode parecer que, como médico, meu propósito é óbvio: curar os doentes. Mas tenho obtido muito mais resultados ao incentivar as pessoas a explorar de forma criativa como cultivar o *Mental Fitness* de maneiras novas e criativas. Seja na prática clínica ou em uma caminhada com um amigo nas profundezas da floresta, eu me sinto mais vivo com a exploração mental criativa.

Dito isso, por muito tempo, associamos o propósito a metas profissionais grandiosas ou a buscas religiosas. E não é que não possa ser essas coisas – pode ser, sem dúvida, e pode ser para você. Mas também pode ser algo muito mais simples. Ver Maia agora, em uma bolsa de estudos em geriatria, onde ela, ironicamente, ajuda pacientes mais velhos a encontrarem seu propósito à medida que abraçam seus anos dourados, me mostra que pode ser algo pequeno e bonito que dá sentido à sua vida de maneiras inesperadas.

O propósito é um princípio fundamental da aptidão mental porque estamos aqui não apenas para viver sem sintomas. Estamos aqui para contribuir para a maior alegria e beleza do planeta. E quando você define seu caminho em direção a esse princípio, mais poder você tem para transformar suas lutas em consolo. Portanto, olhe para dentro, aproveite o que você já aprendeu sobre um cérebro saudável e continue a construir uma base já crescente de *Mental Fitness* ... com propósito.

Conclusão

Construindo um cérebro mais resiliente

Ian, um administrador de hospital na casa dos 40 anos, não tinha uma queixa específica em mente quando me procurou. Ele disse que tinha uma certa sensação de tédio e, como muitos homens de sua idade, preocupava-se com o fato de que sua concentração não estava como deveria. E, embora não conseguisse identificar o que estava errado, ele tinha certeza do que poderia corrigi-lo: medicamentos psicodélicos.

"Eu sempre leio sobre cogumelos mágicos e cetamina. Eles parecem ser revolucionários", disse ele. "Já experimentei alguns antidepressivos diferentes. E, embora os inibidores seletivos da recaptação da serotonina (SSRIs) tenham feito maravilhas para minha irmã, eles só me fizeram sentir cansado."

Ele tinha ouvido falar que minha clínica oferecia psicoterapia assistida por cetamina. Com todo o burburinho sobre psicodélicos e saúde mental, Ian esperava ser um bom candidato para o que o *New York Times* chamou de *revolução psicodélica*. Apesar do fato de não atender aos critérios para um diagnóstico de saúde mental, ele esperava que uma jornada de cetamina o ajudasse a se sentir, bem, melhor. Da maneira que ele achava que deveria se sentir.

Sou psiquiatra há vinte e cinco anos. Comecei nos corredores da Universidade de Colúmbia, onde a chamada bíblia da psiquiatria, o moderno *Manual Diagnóstico e Estatístico de Transtornos Mentais (DSM)*, foi escrita pela primeira vez e onde muitas descobertas sobre o cérebro foram feitas.

Ao longo dos anos, testemunhei avanços notáveis na maneira como entendemos e tratamos a saúde mental. E tratei pacientes em uma variedade de ambientes, desde unidades de internação de grandes centros médicos acadêmicos até centros comunitários de saúde mental e meu próprio consultório particular.

Estar nas fronteiras da saúde mental me proporcionou um profundo senso de admiração sobre o que é possível quando se trata da saúde do cérebro. Mas também me deu uma dose saudável de ceticismo. E embora eu esteja otimista em relação ao potencial da terapia psicodélica assistida – tanto que agora fui treinado para administrá-la – sei que estou em outra fronteira da medicina psiquiátrica.

Como terapeuta, quero ter certeza de que tenho acesso a todas as ferramentas disponíveis para ajudar meus pacientes a se sentirem melhor. Atualmente, as mais recentes pesquisas em psicofarmacologia sugerem que as drogas psicodélicas, ou compostos psicoativos que podem afetar mudanças na percepção, no humor e nos processos cognitivos, têm um potencial terapêutico significativo para condições de saúde mental que vão desde a depressão até o transtorno de estresse pós-traumático (TEPT).

Estudos mostram que compostos como dietilamida do ácido lisérgico (LSD), psilocibina (o componente ativo dos cogumelos mágicos), cetamina e dimetiltriptamina (DMT) têm um potencial clínico significativo, especialmente quando associados à psicoterapia. Em um estudo clínico randomizado de 2021, pesquisadores da Universidade Johns Hopkins descobriram que duas sessões de psilocibina, combinadas com psicoterapia, levaram a uma taxa de remissão de 70% nos participantes do estudo. Isso é muito importante.

Embora cada um desses medicamentos funcione de forma um pouco diferente no cérebro, muitos pesquisadores comparam seus efeitos a uma reinicialização do cérebro. Os medicamentos estimulam um receptor especial de serotonina, que ajuda a colocar o cérebro em modo de crescimento e ajuda cada neurônio a aumentar suas conexões sinápticas. Os pesquisadores argumentam que todas essas conexões novas e pesadas têm um efeito profundamente desorganizador no cérebro. Eles também explicam os principais efeitos colaterais dessas drogas: as alucinações, as experiências fora do corpo e as experiências profundamente "inefáveis".

Esse mesmo reset fez com que os psicodélicos se tornassem drogas de festa tão populares, mas eles também podem fornecer aos terapeutas ferramentas para ajudar os pacientes a entrar em contato mais facilmente com traumas inconscientes ou barreiras que, de outra forma, seriam inacessíveis durante a terapia de conversação. Podemos então trabalhar juntos para que os pacientes possam seguir em frente. Quero deixar claro: os psicodélicos não são uma panaceia. Eles podem vir com riscos muitas vezes não apreciados. Mas podem ser de grande ajuda para as pessoas que estão lutando contra graves problemas de saúde mental, incluindo depressão, ansiedade, TEPT e até mesmo transtornos relacionados ao uso de substâncias. Especialmente aquelas que não encontraram alívio com outros fármacos ou terapias.

Posso entender por que Ian estava interessado em psicodélicos. Ele queria, como disse, "sentir-se mais vivo novamente". Ele esperava que a cetamina pudesse ajudar nisso. Certamente entendo que, até certo ponto, meu trabalho, se eu estiver fazendo isso direito, é ajudar as pessoas a fortalecer sua saúde mental para que nunca recebam um diagnóstico de saúde mental.

Acredito na revolução psicodélica na psiquiatria, até certo ponto. Nos meses que se seguiram ao meu primeiro treinamento para oferecer terapia assistida por cetamina, abri uma clínica e oriento pacientes e grupos nesse processo. Sei que há um lugar para isso em alguns pacientes. Mas, depois de vivenciar minhas próprias jornadas com a cetamina e ajudar dezenas de pacientes a passar por suas próprias jornadas, percebi que os psicodélicos por si só não são a resposta para nossos desafios de saúde mental. Na melhor das hipóteses, eles parecem ser um gatilho para um trabalho mais profundo, algum alívio dos sintomas e um maior senso de conexão e espiritualidade para alguns. Deve-se entender que eles não são a cura para tudo ou a solução rápida que tantas pessoas esperam que sejam. Quanto mais aprendo sobre o poder da terapia psicodélica assistida, mais vejo que as pessoas que mais se beneficiam dela – ou de qualquer tipo de terapia, na verdade – são aquelas que já se envolvem regularmente em várias atividades que promovem a cura do cérebro. Ian não foi a primeira pessoa a me procurar na esperança de encontrar alívio com a ajuda de substâncias psicodélicas. E ele não será o último. No entanto, quanto mais aprendo sobre a terapia assistida por psicodélicos – e ainda há muito a aprender –, mais entendo: com ou sem a ajuda de medicamentos, a verdadeira restauração do cérebro vem da adoção dos princípios fundamentais do *Mental Fitness* – e fazendo isso, de alguma forma, todos os dias.

UNINDO OS PRINCÍPIOS

Há um grande dinamismo em cuidar de seu cérebro. Atos intencionais que promovem a autoconsciência, a nutrição, o movimento, o sono, a conexão, o engajamento, o aterramento, a liberação e o propósito podem combater os efeitos estressantes do mundo moderno. A melhor parte é que não são necessárias drogas – alucinógenas ou não. A cura do cérebro moderno está ao seu alcance. Tudo o que você precisa fazer é começar a adotar alguns princípios do *Mental Fitness* em sua vida.

Estou aqui para lhe dizer que você pode começar pequeno. Eu o incentivo a fazer isso. Agora você entende como e por que os princípios básicos da aptidão mental são tão importantes para sua saúde e bem-estar geral. Mas a maneira como você implementa as mudanças no estilo de vida que as promovem depende inteiramente de você. Não estou defendendo uma reformulação total do estilo de vida. Não há necessidade de se sobrecarregar. Você pode simplesmente escolher um princípio, uma ação para apoiar esse princípio e, a partir daí, desenvolver.

Você se lembra da Ruth? Já na casa dos sessenta anos, ela me procurou para tratar de problemas de tristeza, ansiedade e insônia persistente. Passamos meses engajados no processo terapêutico e, embora ela estivesse fazendo algum progresso, começou a florescer de verdade depois que começou a ir para o interior do estado para caminhar novamente. Uma mudança, o fato de reservar tempo para voltar a caminhar ao ar livre, trouxe uma série de vantagens inesperadas para a aptidão mental. Ela colheu todos os benefícios do *shinrin-yoku*, ou banho de floresta, ao sair da cidade para desfrutar de um pouco de verde. Ela estava fazendo caminhadas, o que trouxe todas as vantagens do movimento. Os efeitos combinados do exercício e do aterramento ajudaram a melhorar seu sono, afastando todos aqueles pensamentos intrusivos. E, à medida que ela aumentava suas visitas às florestas, montanhas e praias, ela se dedicava à fotografia. Encontrar maneiras de ser mais criativa é uma forma de aumentar a reserva cognitiva.

Ruth não estava condenada a uma vida de desespero estressante. E você também não está.

Ronnie, que lutava contra uma profunda solidão quando estava com a casa vazia, encontrou alívio semelhante quando começou a pensar em maneiras de se conectar com outras pessoas. Uma paixão de longa data pelo Pittsburgh Steelers, combinada com um pouco de coragem, fez com que ele entrasse em contato com outros fãs de esportes em situações de vida semelhantes. Isso o levou a novas e interessantes saídas sociais – e à capacidade de criar algumas amizades profundas. Mas Ronnie não parou de criar conexões. À medida que foi envelhecendo, ele percebeu a importância de se manter atento. Ele e seus amigos não estão mais saindo apenas para assistir a jogos de futebol. Eles também formaram uma equipe formidável de perguntas e respostas chamada Bradshaw's Brains. Eles jogam semanalmente e frequentemente saem para fazer perguntas uns aos outros sobre estatísticas esportivas e citações de filmes.

Há ainda a Maia, que, depois de anos buscando uma carreira desafiadora em cirurgia, encontrou sua verdadeira vocação na medicina geriátrica. Ao encontrar seu verdadeiro propósito, em vez de se dedicar a um trabalho que não a atraía, ela abriu sua vida para novas conexões sociais. Ela dormia melhor, comia melhor e tinha tempo para ir às suas aulas de yoga favoritas. E pôde abrir espaço para as coisas da vida que a faziam se sentir bem. Foi um divisor de águas.

Essa é uma das melhores coisas sobre os princípios básicos da aptidão mental. Eles criam uma cascata de benefícios que se acumulam uns sobre os outros. Depois de fazer uma mudança no estilo de vida para afetar um princípio, você verá rapidamente como ele pode influenciar os outros – geralmente sem que você precise fazer muito esforço extra. Dedique algum tempo à autoconsciência e você conseguirá identificar os pontos em que é mais fácil fazer alguns ajustes no estilo de vida para promover a saúde do cérebro. Faça uma caminhada diária para aumentar sua movimentação ou troque alguns ingredientes ricos em nutrientes em suas refeições favoritas e logo perceberá que está dormindo melhor. Participe de uma aula de ginástica ou clube do livro e obtenha o duplo efeito de conexão e engajamento. Ou, como alternativa, comece a trabalhar como voluntário para desenvolver seu senso de propósito – e você conhecerá pessoas com valores semelhantes com quem deseja passar o tempo. Com o tempo, você verá como os diferentes princípios se combinam de forma eficaz e exponencial para melhorar sua saúde e seu bem-estar e ajudá-lo a levar uma vida mais feliz e gratificante.

Escolha um princípio, qualquer princípio. Decida fazer uma mudança. Vá até o fim. Você ficará surpreso com o rumo que ela poderá tomar – e com o tipo de resiliência que se seguirá.

É HORA DE UMA REVOLUÇÃO NO *MENTAL FITNESS*

Já mencionei muitas coisas no mundo moderno que afetam o cérebro – aparelhos, toxinas, alimentos ultraprocessados – mas há outro fator de estresse que todos nós enfrentamos, não importa onde ou como vivemos: incerteza e mudança. Meus pais, em Indiana, estão agora na casa dos oitenta anos. Eles ainda vivem na fazenda e ainda desejam ser independentes. Mas, daqui para frente, eles precisarão de coisas diferentes de mim. Terei de me adaptar.

Depois, temos meus filhos. Minha filha está entrando na adolescência, e meu filho vem logo atrás. Ela me diz que o celular é uma necessidade – sem ele, ela ficaria socialmente isolada. Mesmo com todas as preocupações conhecidas sobre adolescentes e telas, não posso manter esse dispositivo longe dela, assim como não posso mantê-la afastada do resto do mundo moderno. Assim como estou navegando em um novo território como filho, estou fazendo o mesmo como pai. Mais uma vez, precisarei de flexibilidade e resiliência para o que me foi dito – pelo que sei – será uma jornada emocional e turbulenta. E, ao pensar em como proceder, sempre volto ao seguinte: meu trabalho é continuar trabalhando em minha aptidão mental. Estando na melhor forma mental possível, posso dar o meu melhor para enfrentar o momento e ser o que for necessário para meus entes queridos. E como a aptidão mental tem me ajudado aprofundar minhas conexões emocionais, sei que tenho o apoio de minha esposa Lucy quando vacilo. Tudo isso é para dizer que não construímos a aptidão mental sozinhos.

O mundo é complicado. As vidas são complexas. Os relacionamentos nem sempre são fáceis. E, por mais que gostássemos de controlar essas coisas, moldá-las a nosso gosto, não é assim que funciona. Não podemos mudar o mundo moderno ou as pessoas que o habitam. Tudo o que podemos fazer é controlar como reagimos a ele. Isso começa com a criação do tipo de hábitos que tornarão nosso cérebro o mais saudável e resistente possível. À medida que eu for me tornando pai e mãe nos próximos anos, espero modelar esses hábitos para que as pessoas que eu mais amo também possam aprender a cultivar a aptidão mental.

Como eu disse no início do livro, o cérebro é complicado. E, dada a amplitude e o escopo de seu trabalho, ele deveria ser. Mas, apesar de sua complexidade, cuidar dele é realmente muito simples. Nem sempre fácil. Mas é direto.

É por isso que estou convocando uma revolução. Uma revolução da aptidão mental. A cura do cérebro moderno vem da adoção dos princípios fundamentais da aptidão mental – quer você tenha sido diagnosticado com um problema de saúde mental ou esteja, como muitos de nós hoje, apenas lutando contra as exigências da vida moderna cotidiana. É hora de abandonar a ideia de que a saúde mental é o subproduto de um único neurotransmissor ou proteína. Cada um de nós tem o poder de curar nosso cérebro por meio de mudanças simples no estilo de vida. Podemos adotar o conhecimento, os padrões, os hábitos e as habilidades que nos ajudarão a construir uma vida mais agradável e mentalmente saudável.

Quando você começar a se afastar da ideia de que sua saúde mental pode ser gerenciada por meio da modulação de um único neurotransmissor ou gene, começará a entender quanto controle você tem sobre a saúde do seu próprio cérebro. E como a aptidão mental não é um resultado, mas uma jornada, você sempre pode adaptar a forma como implementa as diferentes mudanças no estilo de vida. Você pode fazer o que funciona melhor para você. Ao fazer isso, você ajuda a colocar seu cérebro em um estado perpétuo de autorreparo e evolução.

Autoconsciência. Nutrição. Movimento. Sono. Conexão. Engajamento. Aterramento. Descompromisso. Propósito. Cada um desses aspectos essenciais da saúde do cérebro tem o poder de fazer mudanças tremendas em sua saúde mental e bem-estar. Quando você junta todos eles, esse poder aumenta exponencialmente. Quando podemos otimizar nossa aptidão mental, podemos promover melhor a neurogênese, diminuir a inflamação e aumentar a diversidade em nossos microbiomas. Podemos dar aos nossos cérebros os recursos de que eles precisam para prosperar, mesmo em meio a todos os fatores de estresse encontrados no mundo moderno.

Quando você olha ao redor, fica claro que precisamos da aptidão mental mais do que nunca. Ele nos permitirá enfrentar o mundo como ele é – e como ele continua a evoluir de maneiras que não podemos sequer imaginar – e enfrentá-lo com cérebros saudáveis e engajados. A boa notícia é que podemos adotar esses princípios fundamentais para dar o presente da aptidão mental a nós mesmos e às pessoas que amamos. Podemos usar essas habilidades para enfrentar o mundo moderno com graça, cura e firmeza, não importa o que ele nos ofereça.

Essa revolução começa, aqui e agora, com você.

Referências

INTRODUÇÃO

xi **Não fiquei surpreso com o fato:** Moncrieff J., Cooper R.E., Stockmann T. *et al.* The serotonin theory of depression: a systematic umbrella review of the evidence. *Mol Psychiatry* 28, 3243-3256 (2023). https://doi.org/10.1038/s41380-022-01661-0. Acesso em: 18 out 2025.

xiii **E um número chocante de pessoas:** Mental Health America. The State of Mental Health in America 2022. Alexandria (VA): Mental Health America; 2021. Disponível em: https://mhanational.org/issues/state-mental-health-america. Acesso em: 18 out 2025.

xiii **Passamos por uma pandemia cruel:** Organização Mundial da Saúde (WHO). The impact of COVID-19 on mental health cannot be made light of. 16 jun 2022. Disponível em: https://www.who.int/news-room/feature-stories/detail/the-impact-of-covid-19-on-mental-health-cannot-be-made-light-of. Acesso em: 18 out 2025.

CAPÍTULO 3: AUTOCONHECIMENTO

28 **A capacidade de nos vermos com clareza:** Eurich T. What Self-Awareness Really Is (and How to Cultivate It). *Harv Bus Rev.* 04 jan 2018. Disponível em: https://hbr.org/2018/01/what-self-awareness-really-is-and-how-to-cultivate-it. Acesso em: 18 out 2025.

33 **Ele também levanta a hipótese:** Jiang H, *et al.* Brain-Heart Interactions Underlying Traditional Tibetan Buddhist Meditation. *Cereb Cortex.* 2020; 30(2):439-450. https://doi.org/10.1093/cercor/bhz095. Acesso em: 18 out 2025.

34 **Os pesquisadores descobriram que o trabalho de respiração:** Balban MY, *et al.* Brief structured respiration practices enhance mood and reduce physiological arousal. *Cell Rep Med.* 2023; 4(1):100895. https://doi.org/10.1016/j.xcrm.2022.100895. Acesso em: 18 out 2025.

CAPÍTULO 4: NUTRIÇÃO

39 **Com muita frequência, somos informados:** Ducharme J. Almost 40% of Americans Eat Fast Food on Any Given Day, Report Says. *Time.* 3 out 2018. Disponível em: https://time.com/5412796/fast-food-americans/. Acesso em: 18 out 2025.

41 **Diversos estudos demonstraram:** National Cancer Institute. Acrylamide and cancer risk. Disponível em: https://www.cancer.gov/about-cancer/causes-prevention/risk/diet/acrylamide-fact-sheet. Acesso em: 18 out 2025.

Wang B, *et al.* Acrylamide exposure increases cardiovascular risk of general adult population probably by inducing oxidative stress, inflammation, and TGFβ1: a prospective cohort study. *Environ Int.* 2022; 164:107261. https://doi.org/10.1016/j.envint.2022.107261. Acesso em: 18 out 2025.

41 **Os pesquisadores expuseram o peixe-zebra:** Wang A, *et al.* High fried food consumption impacts anxiety and depression due to lipid metabolism disturbance and neuroinflammation. *Proc Natl Acad Sci USA.* 2023; 120(18). https://doi.org/10.1073/pnas.2221097120. Acesso em: 18 out 2025.

42 **De fato, quando os pesquisadores:** Samuthpongtorn C, *et al.* Consumption of ultraprocessed food and risk of depression. *JAMA Netw Open.* 2023; 6(9):e2334770. Disponível em: https://jamanetwork.com/journals/jamanetworkopen/fullarticle/2809727. Acesso em: 18 out. 2025.

42 **Mesmo após o controle dos fatores:** Lane MM, *et al.* High ultra-processed food consumption is associated with elevated psychological distress as an indicator of depression in adults from the Melbourne Collaborative Cohort Study. *J Affect Disord.* 2023; 335:57-66. https://pubmed.ncbi.nlm.nih.gov/37149054/. Acesso em: 18 out 2025.

43 **De acordo com o Rudd Center for Food Policy:** Harris JL, Fleming-Milici F, Phaneuf L, *et al.* Food Advertising to Children and Teens (FACTS) Report [Internet]. Hartford (CT): UConn Rudd Center for Food Policy & Obesity; 2021. Disponível em: https://media.ruddcenter.uconn.edu/PDFs/FACTS2021.pdf. Acesso em: 18 out 2025.

43 **Crianças que passam o tempo:** Fleming-Milici F, Phaneuf L, Harris JL. Prevalence of Food and Beverage Brands in "Made-for-Kids" Child-Influencer YouTube Videos: 2019-2020. Pediatr Obes [Internet]. 2023; 18(4):e13008. Disponível em: https://doi.org/10.1111/ijpo.13008. Acesso em: 18 out 2025.

Fleming-Milici F, Harris JL. Adolescents' Engagement with Unhealthy Food and Beverage Brands on Social Media. Appetite. 2020; 146:104501.

47 **Para entender quais nutrientes:** LaChance LR, Ramsey D. Antidepressant Foods: An Evidence-Based Nutrient Profiling System for Depression. World J Psychiatry [Internet]. 2018; 8(3):97-104. Disponível em: https://pmc.ncbi.nlm.nih.gov/articles/PMC6147775/. Acesso em: 18 out 2025.

51 **E reduz o risco:** Ventriglio A, *et al.* Mediterranean Diet and Its Benefits on Health and Mental Health: A Literature Review. Clin Pract Epidemiol Ment Health. 2020; 16(Suppl 1):156-64.

51 **Por exemplo, Jacka demonstrou:** Jacka FN, O'Neil A, Opie R, Itsiopoulos C, Cotton S, Mohebbi M, *et al.* A Randomized Controlled Trial of Dietary Improvement for Adults with Major Depression (the "SMILES" Trial). BMC Med [Internet]. 2017; 15:23. Disponível em: https://doi.org/10.1186/s12916-017-0791-y. Acesso em: 18 out 2025.

51 **Após doze semanas:** Bayes J, Schloss J, Sibbritt D, *et al.* The Effect of a Mediterranean Diet on the Symptoms of Depression in Young Males (the "AMMEND: A Mediterranean Diet in MEN with Depression" Study): A Randomized Controlled Trial. Am J Clin Nutr [Internet]. 2022; 116(2):572-80. Disponível em: https://pubmed.ncbi.nlm.nih.gov/35441666/. Acesso em: 18 out 2025.

55 **Menos alimentos ultraprocessados:** Lane M, Opie RS, Itsiopoulos C, *et al.* Change in Ultra-Processed Food Consumption Moderates Clinical Trial Outcomes in Depression: A Secondary Analysis of the SMILES Randomised Controlled Trial. Preprints.org [Internet]. 2023. Disponível em: https://www.preprints.org/manuscript/202308.1110/v1. Acesso em: 18 out 2025.

57 **Um estudo piloto de 2024:** Sethi S, Moore T, O'Neill S, *et al.* Ketogenic Diet Intervention on Metabolic and Psychiatric Health in Bipolar and Schizophrenia: A Pilot Trial. Psychiatry Res [Internet]. 2024 [citado 2025 out 19];335:115866. Disponível em: https://www.sciencedirect.com/science/article/pii/S0165178124001513. Acesso em: 18 out 2025.

CAPÍTULO 5: MOVIMENTO

64 **De acordo com o National Institutes of Health:** Duffy EY, *et al.* Opportunities to improve cardiovascular health in the new American workplace. *Am J Prev Cardiol.* 2021;5:100136. Disponível em: https://doi.org/10.1016/j.ajpc.2020.100136. Acesso em: 18 out 2025.

66 **Ele e seus colegas tentaram:** van Praag H, Kempermann G, Gage FH. Running increases cell proliferation and neurogenesis in the adult mouse dentate gyrus. *Nat Neurosci.* 1999; 2(3):266-70.

66 **Estudos demonstraram que:** Ross RE, *et al.* The role of exercise in the treatment of depression: biological underpinnings and clinical outcomes. *Mol Psychiatry.* 2023; 28(1):298-328. Disponível em: https://doi.org/10.1038/s41380-022-01819-w. Acesso em: 18 out 2025.

66 **Eles também se comunicam com outros órgãos:** Rai M, Demontis F. Muscle-to-Brain signaling via myokines and myometabolites. *Brain Plast.* 2022; 8:43-63. Disponível em: https://www.ncbi.nlm.nih.gov/pmc/articles/PMC9661353/. Acesso em: 18 out 2025; Bae JH, Song W. Brain and brawn: role of exercise-induced myokines. *J Obes Metab Syndr.* 2019; 28(3):145-47.

67 **Quando os pesquisadores fizeram o acompanhamento:** Hoffman BM, *et al.* Exercise and pharmacotherapy in patients with major depression: one-year follow-up of the SMILE Study. *Psychosom Med.* 2011; 73(2):127-33. Disponível em: https://www.ncbi.nlm.nih.gov/pmc/articles/PMC3671874. Acesso em: 18 out 2025.

67 **Anos depois, quando Blumenthal:** Blumenthal JA, *et al.* The role of comorbid anxiety in exercise and depression trials: secondary analysis of the SMILE-II randomized clinical trial. *Depress Anxiety.* 2020. Disponível em: https://doi.org/10.1002/da.23088. Acesso em: 18 out 2025.

68 **Em um estudo de 2022:** Tikac G, Unal A, Altug F. Regular exercise improves the levels of self-efficacy, self-esteem and body awareness of young adults. *J Sports Med Phys Fitness.* 2022; 62(1):157-61.

68 **Os autores simplesmente concluíram:** Choi KW, *et al.* Assessment of bidirectional relationships between physical activity and depression among adults: a 2-sample Mendelian randomization study. *JAMA Psychiatry.* 2019; 76(4):399-408.

68 **Esses estudos também mostraram:** Adlard PA, Perreau VM, Pop V, Cotman CW. Voluntary exercise decreases amyloid load in a transgenic model of Alzheimer's disease. *J Neurosci.* 2005; 25(17):4217-21. Disponível em: https://www.ncbi.nlm.nih.gov/pmc/articles/PMC6725122/. Acesso em: 18 out 2025; Ionescu-Tucker A, *et al.* Exercise reduces H3K9me3 and regulates brain derived neurotrophic factor and GABRA2 in an age dependent manner. *Front Aging Neurosci.* 2021; 13:798297.

69 **Mas eles também acrescentaram:** Gomes-Osman J, *et al.* Exercise for cognitive brain health in aging: a systematic review for an evaluation of dose. *Neurol Clin Pract.* 2018; 8(3):257-65. Disponível em: https://doi.org/10.1212/CPJ.0000000000000460. Acesso em: 18 out 2025.

69 **Uma meta-análise mais recente:** Noetel M, *et al.* Effect of exercise for depression: systematic review and network meta-analysis of randomized controlled trials. *BMJ.* 2024; 384. Disponível em: https://www.bmj.com/content/384/bmj-2023-075847. Acesso em: 18 out 2025.

70 **Eles argumentam que a dança:** Fong Yan A, *et al.* The effectiveness of dance interventions on psychological and cognitive health outcomes compared with other forms of physical activity: a systematic review with meta-analysis. *Sports Med.* 2024; 54:1179-1205. Disponível em: https://doi.org/10.1007/s40279-023-01990-2. Acesso em: 18 out 2025.

72 **Eles descobriram que os participantes do estudo:** Hung C-L, *et al.* Effect of acute exercise mode on serum brain-derived neurotrophic factor (BDNF) and task switching performance. *J Clin Med.* 2018; 7(10). Disponível em: https://doi.org/10.3390/jcm7100301. Acesso em: 18 out 2025.

72 **O conjunto de opções:** Wipfli B, *et al.* An examination of serotonin and psychological variables in the relationship between exercise and mental health. *Scand J Med Sci Sports.* 2011; 21(3):474-81. Disponível em: https://doi.org/10.1111/j.1600-0838.2009.01049.x. Acesso em: 18 out 2025; Montero-Marin J, *et al.* Effectiveness of a stretching program on anxiety levels of workers in a logistic platform: a randomized controlled study. *Atencion Primaria.* 2013; 45(7):376-83.

CAPÍTULO 6: SONO

76 **Tripp conseguiu atingir:** Inglis-Arkell E. The sleep deprivation publicity stunt that drove one man crazy. *Gizmodo.* 2014. Disponível em: https://gizmodo.com/the-sleep-deprivation-publicity-stunt-that-drove-one-ma-1550084876. Acesso em: 18 out 2025.

79 **E essa lembrança aparentemente aleatória:** Rasch B, Born J. About sleep's role in memory. *Physiol Rev.* 2013; 93(2):681-766. Disponível em: https://journals.physiology.org/doi/full/10.1152/physrev.00032.2012. Acesso em: 18 out 2025.

80 **Aqueles que não dormiram:** Prince T-M, Abel T. The impact of sleep loss on hippocampal function. *Learn Mem* [Internet]. 2013; 20(10):558-69. Disponível em: https://www.ncbi.nlm.nih.gov/pmc/articles/PMC3768199/. Acesso em: 18 out 2025.

80 **Os pesquisadores Giulio Tononi:** Tononi G, Cirelli C. Sleep and the price of plasticity: from synaptic and cellular homeostasis to memory consolidation and integration. *Neuron.* 2014; 81(1):12-34. Disponível em: https://www.cell.com/neuron/fulltext/S0896-6273(13)01186-0. Acesso em: 18 out 2025.

82 **Os pesquisadores o chamaram de:** Xie L, *et al.* Sleep drives metabolite clearance from the adult brain. *Science* [Internet]. 2013; 342(6156):373-7. Disponível em: https://pubmed.ncbi.nlm.nih.gov/24136970/. Acesso em: 18 out 2025.

84 **As pesquisas mais recentes:** Wang Z, *et al.* Gut microbiota modulates the inflammatory response and cognitive impairment induced by sleep deprivation.

Mol Psychiatry. 2021; 26:6277-92. Disponível em: https://www.nature.com/articles/s41380-021-01113-1. Acesso em: 18 out 2025.

87 **Sigmund Freud:** Freud S. *Freud (1900) – A interpretação dos sonhos. Obras completas, volume 4*. São Paulo: Companhia das Letras; 2019. Tradução: Paulo César de Souza.

87 **Sua teoria:** Zadra A, Stickgold R. *When brains dream: understanding the science and mystery of our dreaming minds*. Nova York: W. W. Norton & Company; 2021.

89 **Uma pesquisa de 2022 revelou:** Kerai A. Smart phone addiction stats. Reviews.org. 2023. Disponível em: https://www.reviews.org/mobile/cell-phone-addiction/#Smart_Phone_Addiction_Stats. Acesso em: 18 out 2025.

CAPÍTULO 7: CONEXÃO

94 **Em 2023, ele publicou:** Estados Unidos. Department of Health and Human Services. Our Epidemic of Loneliness and Isolation: The U.S. Surgeon General's Advisory on the Healing Effects of Social Connection and Community [Internet]. Washington (DC): U.S. Dept of Health and Human Services; 2023. Disponível em: https://www.hhs.gov/sites/default/files/surgeon-general-social-connection-advisory.pdfa. Acesso em: 18 out 2025.

96 **Se você ainda frequenta:** Steuteville R. The missing middle of our social lives. *Public Square* [Internet]. 2016. Disponível em: https://www.cnu.org/publicsquare/2016/02/08/missing-middle-our-social lives. Acesso em: 18 out 2025.

97 **As desvantagens da mídia social:** Murthy VH. Surgeon General: Why I'm calling for a warning label on social media platforms. *New York Times* [Internet]. 2024. Disponível em: https://www.nytimes.com/2024/06/17/opinion/social-media-health-warning.html. Acesso em: 18 out 2025.

98 **Um estudo realizado em 2021 com 1 milhão de adolescentes:** Levula A, Wilson A, Harré M. The association between social network factors and mental health at different life stages. *Qual Life Res*. 2015; 25:1725-33. Disponível em: https://link.springer.com/article/10.1007/s11136-015-1200-7. Acesso em: 18 out 2025.

98 **Até mesmo os adultos que são ávidos usuários de mídias sociais:** American Psychiatric Association. New survey shows increasing loneliness, including on the job [Internet]. 2020. Disponível em: https://www.psychiatry.org/-news-room/apa-blogs/new-survey-shows-increasing-loneliness-on-the-job. Acesso em: 18 out 2025.

99 **Embora possamos fazer muita coisa pela tela do computador:** Kroencke L, *et al.* Well-being in social interactions: examining personality-situation dynamics in face-to-face and computer-mediated communication. *J Pers*

Soc Psychol. 2023; 124(2):437-60. Disponível em: https://psycnet.apa.org/record/2022-80655-001?doi=1. Acesso em: 18 out 2025.

101 **Os cientistas descobriram:** Holt-Lunstad J, Smith TB, Layton JB. Social relationships and mortality risk: a meta-analytic review. *PLoS Med.* 2010; 7(7):e1000316. Disponível em: https://journals.plos.org/plosmedicine/article?id=10.1371/journal.pmed.1000316. Acesso em: 18 out 2025.

101 **O apoio social ajuda:** Salinas J, *et al.* Associations between social relationship measures, serum brain-derived neurotrophic factor, and risk of stroke and dementia. *Alzheimers Dement.* 2017; 3(2):229-37. Disponível em: https://www.ncbi.nlm.nih.gov/PMC/articles/PMC5651441/. Acesso em: 18 out 2025.

101 **Outros estudos mostram que:** Yang CY, Schorpp K, Harris KM. Social support, social strain and inflammation: evidence from a national longitudinal study of U.S. adults. *Soc Sci Med.* 2014; 107:124-35. Disponível em: https://www.ncbi.nlm.nih.gov/pmc/articles/PMC4028709/. Acesso em: 18 out 2025.

103 **Portanto, talvez não seja surpreendente que:** Collins HK, *et al.* Relational diversity in social portfolios predicts well-being. *PNAS.* 2022; 119(43):e2120668119. Disponível em: https://www.pnas.org/doi/full/10.1073/pnas.2120668119. Acesso em: 18 out 2025.

105 **Ou você pode aceitar:** Estados Unidos. Department of Health and Human Services. Take the Surgeon General's 5-FOR-5 Connection Challenge [Internet]. Disponível em: https://www.hhs.gov/surgeongeneral/priorities/connection/challenge/index.html. Acesso em: 18 out 2025.

107 **Em 2019, pesquisadores suíços:** Hämmig O. Correction: health risks associated with social isolation in general and in young, middle and old age. *PLoS One.* 2019; 14(8):e0222124. Disponível em: https://doi.org/10.1371/journal.pone.0222124. Acesso em: 18 out 2025.

CAPÍTULO 8: ENGAJAMENTO

110 **Isso vai além:** Sukel K. Defying dementia: it is not inevitable. *New Scientist* [Internet]. 26 abril 2017. Disponível em: https://institutions.newscientist.com/article/mg23431230-400-defying-dementia-it-is-not-inevitable/. Acesso em: 18 out 2025.

110 **Atualmente, muitos especialistas sugerem:** Muliyala KP, Varghese M. The complex relationship between depression and dementia. *Ann Indian Acad Neurol* [Internet]. 2010; 13(Suppl 2):S69-S73. Disponível em: https://www.ncbi.nlm.nih.gov/pmc/articles/PMC3039168/. Acesso em: 18 out 2025.

111 **O interessante é que tanto:** S Hayley S, Hakim AM, Albert PR. Depression, dementia and immune dysregulation. *Brain* [Internet]. 2021; 144(3):746-60.

Disponível em: https://www.ncbi.nlm.nih.gov/pmc/articles/PMC8041341/. Acesso em: 18 out 2025.

112 **Embora seja muito fácil:** Thompson D. It sure looks like phones are making students dumber. *The Atlantic* [Internet]. 19 dez 2023. Disponível em: https://www.theatlantic.com/ideas/archive/2023/12/cell-phones-student-test-scores-dropping/676889/. Acesso em: 18 out 2025.

114 **Tanto que:** National Health Service (NHS). 5 steps to mental wellbeing [Internet]. 16 dez 2022. Disponível em: https://www.nhs.uk/mental-health/self-help/guides-tools-and-activities/five-steps-to-mental-wellbeing/. Acesso em: 18 out 2025.

115 **Um estudo realizado em uma comunidade japonesa:** Hirosaki M, Ohira T, Kajiura M, Kiyama M, Kitamura A, Sato S, *et al.* Community-dwelling elderly Japanese people with hobbies are healthier than those lacking hobbies. *J Am Geriatr Soc* [Internet]. 2009 Jun; 57(6):1132-3. Disponível em: https://agsjournals.onlinelibrary.wiley.com/doi/10.1111/j.1532-5415.2009.02291.x. Acesso em: 18 out 2025.

115 **Setenta e sete por cento:** Fancourt D, Opher S, de Oliveira C. Fixed-effects analyses of time-varying associations between hobbies and depression in a longitudinal cohort study: support for social prescribing? *Psychother Psychosom* [Internet]. 2020; 89(2):111-3. Disponível em: https://karger.com/pps/article/89/2/111/3482634/000503571.pdf. Acesso em: 18 out 2025.

115 **Eles tinham maior autoestima:** Hammond C. Impacts of lifelong learning upon emotional resilience, psychological and mental health: fieldwork evidence. *Oxford Rev Educ* [Internet]. 2007; 30(4):551-68. Disponível em: https://www.tandfonline.com/doi/abs/10.1080/0305498042000303008. Acesso em: 18 out 2025.

116 **O que você está procurando:** Staff RT, Hogan MJ, Williams DH, Whalley LJ, Murray AD. Intellectual engagement and cognitive ability in later life (the "use it or lose it" conjecture): longitudinal, prospective study. *BMJ* [Internet]. 2018; 363:k4925. Disponível em: https://doi.org/10.1136/bmj.k4925. Acesso em: 18 out 2025. Lavrijsen J, Verschueren K. High cognitive ability and mental health: findings from a large community sample of adolescents. *J Intell* [Internet]. 2023; 11(2):38. Disponível em: https://www.ncbi.nlm.nih.gov/pmc/articles/PMC9966861/. Acesso em: 18 out 2025.

116 **Eles levantaram a hipótese de que um dos motivos:** Fong Yan A, *et al.* The effectiveness of dance interventions on psychological and cognitive health outcomes compared with other forms of physical activity: a systematic review with meta-analysis. *Sports Med* [Internet]. 2024; 54:1179-1205. Disponível em: https://doi.org/10.1007/s40279-023-01990-2. Acesso em: 18 out 2025.

117 **O engajamento cognitivo também tem o benefício:** Pettigrew C, Soldan A. Defining cognitive reserve and implications for cognitive aging. *Curr Neurol Neurosci Rep* [Internet]. 2019; 19(1):1. Disponível em: https://doi.org/10.1007/s11910-019-0917-z. Acesso em: 18 out 2025.

CAPÍTULO 9: ATERRAMENTO

122 **As Nações Unidas esperam:** Nações Unidas. Make Cities and Human Settlements Inclusive, Safe, Resilient and Sustainable [Internet]. 2022. Disponível em: https://unstats.un.org/sdgs/report/2022/goal-11/. Acesso em: 18 out 2025.

122 **As projeções para os Estados Unidos:** Center for Sustainable Systems, University of Michigan. U.S. Cities Factsheet [Internet]. Pub. No. CSS09-06; 2023/2024. Disponível em: https://css.umich.edu/sites/default/files/U.S.%20Cities_CSS09-06.pdf. Acesso em: 18 out 2025.

122 **Esse é o som equivalente:** Wagner K. City noise might be making you sick. *The Atlantic* [Internet]. 18 fev 2018. Disponível em: https://www.theatlantic.com/technology/archive/2018/02/city-noise-might-be-making-you-sick/553385/. Acesso em: 18 out 2025.

122 **E, sim, elas correm um risco:** Basner M, *et al.* Auditory and non-auditory effects of noise on health. *Lancet.* 2014; 383(9925):1325-32. Disponível em: https://www.ncbi.nlm.nih.gov/pmc/articles/PMC3988259/. Acesso em: 18 out 2025.

122 **Na verdade, a Organização Mundial da Saúde:** Organização Mundial da Saúde. Europe: Noise [Internet]. Disponível em: https://www.who.int/europe/health-topics/noise#tab=tab_1. Acesso em: 18 out 2025.

123 **Luzes brilhantes são a norma:** Gleason W. Check out this mind-blowing photo of NYC from space. *Time Out* [Internet]. 29 fev 2016. Disponível em: https://www.timeout.com/newyork/blog/check-out-this-mind-blowing-photo-of-nyc-from-space-022916. Acesso em: 18 out 2025.

123 **Um estudo recente com mais de 85 mil pessoas:** Burns AC, *et al.* Day and night light exposure are associated with psychiatric disorders: an objective light study in >85,000 people. *Nature Mental Health.* 2023;1:853-62. Disponível em: https://www.nature.com/articles/s44220-023-00135-8. Acesso em: 18 out 2025.

123 **Essa luz extra pode desregular:** Gooley JJ, *et al.* Exposure to room light before bedtime suppresses melatonin onset and shortens melatonin duration in humans. *J Clin Endocrinol Metab.* 2011; 96(3):E463-72. Disponível em: https://doi.org/10.1210/jc.2010-2098. Acesso em: 18 out 2025.

123 **Como resultado:** Jimison R. We all need green in our lives. *CNN Health* [Internet]. 5 jun 2017. Disponível em: https://www.cnn.com/2017/06/05/health/colorscope-green-environment-calm/index.html. Acesso em: 18 out 2025.

125 **Esses são glóbulos brancos especiais:** Li Q. Effect of forest bathing trips on human immune function. *Environ Health Prev Med.* 2010; 15(1):9-17. Disponível em: https://www.ncbi.nlm.nih.gov/pmc/articles/PMC2793341/. Acesso em: 18 out 2025.

127 **Estudos que comparam a saúde mental:** Liu Z, *et al.* Green space exposure on depression and anxiety outcomes: a meta-analysis. *Environ Res.* 2023; 231:116303. Disponível em: https://www.sciencedirect.com/science/article/abs/pii/S0013935123011076. Acesso em: 18 out 2025.

127 **Outras pesquisas sugerem:** Rueff M, Reese G. Depression and anxiety: a systematic review on comparing ecotherapy with cognitive behavioral therapy. *J Environ Psychol.* 2023; 90:102097. Disponível em: https://www.sciencedirect.com/science/article/abs/pii/S0272494423001457. Acesso em: 18 out 2025.

127 **Atualmente, há dezenas de profissionais:** Dorfman S. Ecotherapy: how communing with nature boosts your physical and mental health. *USA Today* [Internet]. 08 ago 2022. Disponível em: https://www.usatoday.com/story/life/health-wellness/2022/08/08/ecotherapy-health-benefits-nature/10264052002. Acesso em: 18 out 2025.

128 **Quando os pesquisadores tocaram sons da natureza:** Nasari M, Ghezeljeh TN, Haghani H. Effects of nature sounds on sleep quality among patients hospitalized in coronary care units: a randomized controlled clinical trial. *Nurs Midwifery Stud.* 2018; 7(1):18-23. Disponível em: https://journals.lww.com/nams/Fulltext/2018/07010/Effects_of_Nature_Sounds_on_Sleep_Quality_among.4.aspx. Acesso em: 18 out 2025.

129 **Além disso:** Xiao S, *et al.* Biological effects of negative air ions on human health and integrated multi-omics to identify biomarkers: a literature review. *Environ Sci Pollut Res.* 2023; 30(27):69824-36. Disponível em: https://www.ncbi.nlm.nih.gov/pmc/articles/PMC10175061/. Acesso em: 18 out 2025.

129 **De fato, um estudo de 2015:** Chevalier G. The effect of grounding the human body on mood. *Psychol Rep.* 2015; 116(2). Disponível em: https://doi.org/10.2466/06.PR0.116k21w5. Acesso em: 18 out 2025.

129 **Outros estudos mostraram:** Sinatra ST, *et al.* Grounding: the universal anti-inflammatory remedy. *Biomed J.* 2023; 46(1):11-16. Disponível em: https://www.ncbi.nlm.nih.gov/pmc/articles/PMC10105021/. Acesso em: 18 out 2025.

130 **No entanto, com estudos de pesquisa mostrando:** Wesselman C. Green spaces and human health. *Centers for Disease Control and Prevention* [Internet]. 08 set 2022. Disponível em: https://storymaps.arcgis.com/stories/a9dab1f292be48a89d18b433fa3cbba6. Acesso em: 18 out 2025.

130 **Hospital investiu na criação do Commonground:** Eskenazi Health. Eskenazi Health celebrates opening of world-class outdoor plaza [Internet]. Press release, 29 jul 2014. Disponível em: https://www.eskenazihealth.edu/news/eskenazi-health-celebrates-opening-of-world-class-outdoor-plaza. Acesso em: 18 out 2025.

131 **É simplesmente o ato:** Fitzgerald S. The secret to mindful travel? A walk in the woods. *National Geographic* [Internet]. 18 out 2019. Disponível em: https://www.nationalgeographic.com/travel/article/forest-bathing-nature-walk-health. Acesso em: 18 out 2025.

132 **A desativação da amígdala:** Sudimac S, Sale V, Kuhn S. How nature nurtures: amygdala activity decreases as the result of a one-hour walk in nature. *Mol Psychiatry*. 2022; 27:4446-52. Disponível em: https://www.nature.com/articles/s41380-022-01720-6. Acesso em: 18 out 2025.

133 **É por isso que a Associação Americana de Psicologia:** American Psychological Association. Mental health and our changing climate: impacts, implications, and guidance [Internet]. Mar 2017. Disponível em: https://www.apa.org/news/press/releases/2017/03/mental-health-climate.pdf. Acesso em: 18 out 2025.

133 **Quando entendemos:** Pollack D, Haase E. What every psychiatrist should know about the climate crisis. *Psych News*. 2022; 57(6). Disponível em: https://psychnews.psychiatryonline.org/doi/full/10.1176/appi.pn.2022.06.6.36. Acesso em: 18 out 2025.

CAPÍTULO 10: DESABAFO

137 **Para começar, conforme observado pelo médico e autor:** Nerenberg J. Why are so many adults today haunted by trauma? *Greater Good* [Internet]. 8 jun 2017. Disponível em: https://greatergood.berkeley.edu/article/item/why_are_so_many_adults_today_haunted_by_trauma. Acesso em: 18 out 2025.

137 **Em segundo lugar, os Estados Unidos:** The Commonwealth Fund. Understanding the U.S. behavioral health workforce shortage [Internet]. 18 maio 2023. Disponível em: https://www.commonwealthfund.org/publications/explainer/2023/may/understanding-us-behavioral-health-workforce-shortage. Acesso em: 18 out 2025.

137 **Até mesmo a Casa Branca:** The White House. Reducing the economic burden of unmet mental health needs [Internet]. 31 maio 2022. Disponível em: https://www.whitehouse.gov/cea/written-materials/2022/05/31/reducing-the-economic-burden-of-unmet-mental-health-needs. Acesso em: 18 out 2025.

139 **Além disso, a quanto mais ECAs:** Centers for Disease Control and Prevention. Adverse childhood experiences (ACEs) [Internet]. 23 ago 2021. Disponível em: https://www.cdc.gov/vitalsigns/aces/index.htm. Acesso em: 18 out 2025.

140 **Essa é parte da base da terapia:** Hezel DM, Simpson HB. Exposure and response prevention for obsessive-compulsive disorder: a review and new directions. *Indian J Psychiatry*. 2019;61(Suppl 1):S85-S92. Disponível em: https://journals.lww.com/indianjpsychiatry/fulltext/2019/61001/exposure_and_response_prevention_for.12.aspx. Acesso em: 18 out 2025.

CAPÍTULO 11: PROPÓSITO

145 **Isso, sugeriram, os autores:** Shiba K, *et al.* Purpose in life and 8-year mortality by gender and race/ethnicity among older adults in the U.S. *Prev Med*. 2022; 164:107310. Disponível em: https://www.sciencedirect.com/science/article/abs/pii/S0091743522003590. Acesso em: 18 out 2025.

145 **Em uma ampla gama de estudos:** Boreham ID, Schutte NS. The relationship between purpose in life and depression and anxiety: a meta-analysis. *J Clin Psychol*. 2023; 79(12):2736-67. Disponível em: https://doi.org/10.1002/jclp.23576. Acesso em: 18 out 2025.

146 **Elas também apresentam uma atividade mais saudável:** Nair AK, *et al.* Purpose in life as a resilience factor for brain health: diffusion MRI findings from the Midlife in the U.S. Study. *Front Psychiatry*. 2024; 15. Disponível em: https://doi.org/10.3389/fpsyt.2024.1355998. Acesso em: 18 out 2025.

146 **Outros estudos ainda:** Abellaneda-Pérez K, *et al.* Purpose in life promotes resilience to age-related brain burden in middle-aged adults. *Alzheimers Res Ther*. 2023; 15(1):49. Disponível em: https://pubmed.ncbi.nlm.nih.gov/36915148/. Acesso em: 18 out 2025.

146 **Mesmo em dias estressantes:** Hill PL, *et al.* Sense of purpose moderates the associations between daily stressors and daily well-being. *Ann Behav Med*. 2018; 52(8):724-29. Disponível em: https://academic.oup.com/abm/article/52/8/724/4841716. Acesso em: 18 out 2025.

146 **Outros estudos demonstraram:** Bronk KC, Leontopoulou S, McConchie J. Youth purpose during the Great Recession: a mixed-methods study. *J Posit Psychol*. 2019; 14(4):405-16. Disponível em: https://www.tandfonline.com/doi/pdf/10.1080/17439760.2018.1484942. Acesso em: 18 out 2025.

CONCLUSÃO: CONSTRUINDO UM CÉREBRO MAIS RESILIENTE

152 **Com todo o burburinho sobre psicodélicos:** Jacobs A. The psychedelic revolution is coming: psychiatry may never be the same. *New York Times* [Internet]. 09 maio 2021. Disponível em: https://www.nytimes.com/2021/05/09/health/psychedelics-mdma-psilocybin-molly-mental-health.html. Acesso em: 18 out 2025.

153 **Atualmente, as mais recentes pesquisas:** Davidson J. VA considers using psychedelic drugs to fight PTSD among veterans. *Washington Post* [Internet]. 16 fev 2024. Disponível em: https://www.washingtonpost.com/politics/2024/02/16/va-psychedelics-mdma-psilocybin-ptsd/. Acesso em: 18 out 2025.

153 **Estudos mostram que compostos:** Reiff CM, *et al.* Psychedelics and psychedelic-assisted psychotherapy. *Am J Psychiatry*. 2020; 177(5):391-410. Disponível em: https://pubmed.ncbi.nlm.nih.gov/32098487/. Acesso em: 18 out 2025.

153 **Em um estudo clínico randomizado de 2021:** Davis AK, *et al.* Effects of psilocybin-assisted therapy on major depressive disorder: a randomized clinical trial. *JAMA Psychiatry*. 2021; 78(5):481-89. Disponível em: https://pubmed.ncbi.nlm.nih.gov/33146667. Acesso em: 18 out 2025.

153 **Eles também explicam os principais efeitos colaterais:** Carhart-Harris R. How do psychedelics work? *Curr Opin Psychiatry*. 2019; 32(1):16-21. Disponível em: https://pubmed.ncbi.nlm.nih.gov/30394903/. Acesso em: 18 out 2025.

Agradecimentos

Quando a IA foi introduzida e eu aprendi sobre como os modelos de linguagem de grande porte (LLMs) eram treinados, pensei que a mente de um psiquiatra é bastante semelhante. Fui treinado ouvindo os pacientes e suas famílias por vinte e cinco anos como médico focado em problemas de saúde mental. Palavra por palavra, sessão por sessão, ao longo das semanas e dos anos, fiz o melhor que pude para ajudar a curar os cérebros modernos que procuraram minha ajuda, aprendendo mais a cada vez. Meu primeiro agradecimento é para meus pacientes, antigos e atuais, a quem dedico este livro. Obrigado por tudo o que compartilharam comigo.

Completei cinquenta anos de vida ao escrever este livro. E, talvez mais do que em qualquer outro momento de minha vida, precisei desses princípios de aptidão mental. Minha família e eu nos mudamos dos pastos verdejantes da fazenda de Indiana, citada ao longo deste livro, para as altas montanhas do oeste de Wyoming. As transições são repletas de desafios para a saúde mental, e essa veio acompanhada de um clima de vinte graus negativos e sete centímetros de neve a cada inverno.

Obrigado aos membros da minha equipe. Sou muito grato a todos vocês. Obrigado, Alex Kariotis, por gerenciar as operações e comunicações internas, permitindo que eu fizesse mais do que jamais imaginei. Obrigado, Samantha Elkrief, por ser você e cuidar da marca, da equipe e da chama do processo associativo. Sou muito abençoado por ter a artista Jennie West como nossa diretora financeira, a quem confiar o dinheiro e o fluxo criativo. Obrigado, Andrew Luer, por sua motivação e desafio de alcançar mais pessoas e mudar mais vidas. Estamos chegando lá. Obrigado por ser tão direto e pessoal ao mesmo tempo.

Minha equipe clínica na Brain Food Clinic e na Spruce Mental Health acrescentou à minha vida e à minha prática coisas que fazem falta a muitos terapeutas: comunidade e processo de grupo. Obrigado, Xiaojue Hu, MD, por sua firmeza, inteligência e mentalidade de crescimento. Obrigado, Emilie Berner, pela Mental Fitness Kitchen (inscreva-se!) e pelas receitas mais deliciosas e ricas em nutrientes que se pode desejar. Obrigado à minha equipe da Spruce Mental Health: Ben Smoak, MD; Tanmeet Sethi, MD; Jeff Greenbaum, MD; Amy Lane; e Margaret Brigham, por toda a sua orientação e incentivo.

Obrigado, Karen Rinaldi, por acreditar em mim e nessas ideias. Publicamos cinco livros juntos, e essa é uma das honras mais incríveis de minha vida. Obrigado à minha agente literária, Joy Tutela, e sua equipe na David Black Literary Agency, por serem leais e decisivos. Obrigado, Kayt Sukel. Escrever, trabalhar e editar com você tem sido constante e confiável durante um período de turbulência para mim. Você também é uma excelente terapeuta amadora.

Nos últimos quinze anos, publicando livros e criando conteúdo, tive a sorte de editores e produtores dos principais meios de comunicação terem compartilhado oportunidades e *feedbacks*. Obrigado a Rich Dorment, Marty Munson, Ben Court, Sean Abrams e à excelente equipe da revista *Men's Health*. Obrigado a Jason e Colleen Wacob, Melisse Gelula e à equipe da WebMD/Medscape. Obrigado aos muitos podcasters que me receberam e promoveram as ideias da psiquiatria nutricional e do *Mental Fitness*.

Obrigado à minha família da psiquiatria. Tenho a oportunidade de entrevistar ou colaborar regularmente com algumas das mentes mais brilhantes da saúde mental. Hoje, alguns dos meus colegas estão liderando departamentos acadêmicos e iniciativas de pesquisa importantes que mudarão a forma como entendemos a saúde mental. Penso em todos vocês com bastante frequência, imaginando o que pensam sobre um assunto, ou como sua mente brilhante vê um sistema neural moderno, ou a epigenética do BDNF, ou como o chacoalhar e a dança podem ajudar pessoas com traumas. Agradeço aos muitos membros, antigos e atuais, do Departamento de Psiquiatria da Universidade de Columbia que me orientaram e me ajudaram ao longo dos anos; a Jim Gordon, MD, e ao Center for Mind-Body Medicine; a Nellie Hudson e à equipe Bring Change 2 Mind; e aos meus muitos amigos e colegas da American Psychiatric Association. Obrigado aos muitos pesquisadores e clínicos focados em saúde mental e psiquiatria nutricional, especialmente Felice Jacka, PhD, e sua equipe no Food and Mood Center. Obrigado a todos os meus irmãos e irmãs da saúde mental na mídia: Gregory Scott Brown, MD; Sue Varma, MD; Jake Goodman, MD; Sasha Hamdani, MD; David Puder, MD; Jessi Gold, MD; e Ally Jaffee, MD; para citar alguns dos muitos psiquiatras criativos que mantêm a conversa sobre saúde mental na mídia social saudável e inspiradora. Por fim, agradeço aos meus colegas que se concentraram no impacto dos alimentos na saúde do cérebro e na saúde mental: Annie Fenn, MD; Uma Naidoo, MD; Shebani Sethi, MD; Emily Deans, MD; e Laura LaChance, MD.

Desde que meu último livro foi publicado, alguns amigos que me inspiraram e incentivaram faleceram. Descobri que eles estavam em minha mente enquanto trabalhava neste livro, especialmente nos momentos mais difíceis. Obrigado, David Bouley, por celebrar a comida e a saúde e nos mostrar o poder da conexão. Obrigado, Bret Stetka. Obrigado, Cinco, pelos grandes saltos.

Obrigado a você. Tenho certeza de que, de alguma forma, grande ou pequena, seu interesse pela saúde mental e pelo *Mental Fitness* contribuiu para tornar este livro uma realidade. Se você já comprou um dos meus outros livros, curtiu ou compartilhou uma publicação nas mídias sociais, assinou nossos e-mails, deixou um comentário, enviou uma mensagem direta ou ouviu um podcast, isso significou algo para mim e ajudou a colocar este livro em suas mãos.

Obrigado, Tetons. Este livro foi escrito em nossa nova comunidade em Jackson, Wyoming, um lugar de beleza natural acidentada que também é uma comunidade muito intencional interessada em condicionamento físico e saúde mental. Obrigado, Dr. Lux, Jerret, Emmet e Hannah, por todas as aventuras. Sem vocês, eu seria um sério hipócrita em termos de condicionamento mental. Obrigado, Peta, Gary e família Roubin, por toda a sua bondade e até mesmo por um pasto. Obrigado, Burns, Floyd, Obleness, Hunt, Souter, Temple, Troxel, Hayashida-Ludington e as muitas famílias que agora tocam nossas vidas. É muito divertido estar nessa jornada com todos vocês. Obrigado, Sarah, Emma e família TYFS.

Obrigado aos meus pais pelo incentivo. Obrigado, papai, por ser um editor de texto perspicaz. Obrigado, mamãe, por me ensinar a cultivar e cozinhar alimentos. Obrigado ao meu maravilhoso irmão, Don; à sua esposa, Corrine; e às nossas sobrinhas Penny, Odile e Satie. O melhor ainda está por vir para nós. Obrigado, Ian McSpadden, por quarenta e cinco anos de amizade, fotos, grandes quedas e pela sauna.

Obrigado à minha esposa, Lucy, por todo o seu bom senso e comprometimento com a saúde mental, especialmente a minha. Você está fazendo um bom progresso. Serviço de café para todo o sempre, amém. Obrigado, Greta, por ser tão atenciosa, divertida e responsável (olha só para o lado, adolescente); e Forrest, por nos tornar populares, conhecer os fatos e se preocupar com os detalhes. Obrigado, Juno, Bernadoodle Noodle, pelo apoio emocional. Vamos nos livrar dessas telas e ir para as montanhas.

Sobre o autor

Drew Ramsey, MD, é um psiquiatra certificado, psicoterapeuta e autor. Seu trabalho se concentra em tratamentos de psiquiatria integrativa baseados em evidências, psicoterapia psicodinâmica, psiquiatria nutricional e gerenciamento responsável de medicamentos. Usando as mais recentes pesquisas sobre saúde mental e anos de experiência clínica, ele espera ajudar as pessoas a melhorar sua saúde mental e desenvolver uma aptidão mental resiliente.

Ele fundou a Brain Food Clinic na cidade de Nova York e a Spruce Mental Health em Jackson, Wyoming. Atuou como professor-assistente de psiquiatria por vinte anos na Universidade Columbia, Vagelos College of Physicians and Surgeons, onde lecionou e supervisionou Avaliação Psiquiátrica, Psicoterapia de Apoio, Psicoterapia Dinâmica Breve e Psiquiatria Nutricional, além de ajudar a dirigir as iniciativas de mídia e mídia social do departamento. O Dr. Ramsey é um defensor e influenciador da saúde mental, além de ser um orador principal convincente e de realizar *workshops* nos Estados Unidos. Ele é coapresentador da série *Friday Sessions* da revista *Men's Health* com Gregory Scott Brown, MD, e deu três palestras TEDx, fez uma série de vídeos com Big Think e o documentário da BBC *Food on the Brain*. Seu trabalho e seus textos foram apresentados no *The Today Show*, *CBS Sunday Morning*, *New York Times*, *Wall Street Journal*, *The Atlantic*, *Lancet Psychiatry*, *Time* e *NPR*. Foi membro do conselho editorial da *Medscape Psychiatry*, do conselho consultivo da *Men's Health* e do conselho consultivo científico da organização sem fins lucrativos antiestigma Bring Change to Mind. Foi presidente do conselho de comunicações da American Psychiatric Association.

É autor de quatro livros sobre alimentação e saúde mental, mais recentemente o *best-seller* internacional *Eat to Beat Depression and Anxiety*, agora traduzido para nove idiomas; o premiado livro de receitas *Eat Complete: The 21 Nutrients That Fuel Brainpower, Boost Weight Loss, and Transform Your Health*; o *best-seller Fifty Shades of Kale*; e *The Happiness Diet: A Nutritional Prescription for a Sharp Brain, Balanced Mood, and Lean, Energized Body*, que explora o impacto das dietas modernas na saúde do cérebro.

Ele e sua equipe criaram três cursos pela internet: Healing the Modern Brain ("Curando o Cérebro Moderno"), Eat to Beat Depression ("Comer para Vencer a Depressão") e Nutritional Psychiatry for Clinicians ("Psiquiatria Nutricional para Clínicos"), além de *downloads* gratuitos, a Mental Fitness Kitchen e o *Dr. Drew Ramsey Podcast*.

O Dr. Ramsey é diplomado pelo American Board of Psychiatry and Neurology e membro da American Psychiatric Association. Concluiu seu treinamento de especialização em psiquiatria de adultos na Universidade Columbia e no Instituto Psiquiátrico do Estado de Nova York, recebeu o título de MD da Faculdade de Medicina da Universidade de Indiana e é graduado em Phi Beta Kappa pela Earlham College. Ele mora em Jackson, Wyoming, com sua esposa e dois filhos.

Saiba mais em DrewRamseyMD.com.

Índice remissivo